EN PARLAMENTARISK FÖRSAMLING
INOM FÖRENTA NATIONERNA

"I en tid av hopplöshet och förvirring uttrycker detta dokument på ett tydligt sätt hur en mer hållbar, rättvis och demokratisk politisk struktur är möjlig för att hantera de frågor som en global värld ställer oss inför. De teoretiska och praktiska aspekterna av en parlamentarisk församling inom FN analyseras och utvecklas med precision och noggrannhet. Det är ett grundläggande bidrag till 2000-talets politik."

—**Fernando Iglesias**, argentinsk parlamentsledamot och ordförande för World Federalist Movement

"En parlamentarisk församling inom FN är ett viktigt pragmatiskt steg som måste tas nu. Denna församling bör bana väg för en global konstitutionell process och så småningom övergå till ett verkligt parlament."

—**Daniel Jositsch**, schweizisk senator och professor i juridik

"FN behöver reformer och nya mekanismer för mer demokratiskt och effektivt beslutsfattande. En parlamentarisk församling skulle stimulera globala lösningar för globala problem och skapa en bättre länk mellan FN och världens medborgare. Denna studie visar hur den kan fungera."

—**Jo Leinen**, hedersordförande, European Movement International; tidigare miljöminister i tyska delstaten Saarland och tidigare Europaparlamentariker

"Denna studie innehåller viktiga rekommendationer och reflektioner om hur en parlamentarisk församling inom FN kan genomföras och utvecklas över tid. Denna nya församling är nödvändig för att förbättra FN:s demokratiska karaktär och den globala styrningen."

—**Livingstone Sewanyana**, FN:s oberoende expert för främjandet av en demokratisk och rättvis internationell ordning

"Denna rapport illustrerar att en parlamentarisk församling inom FN kan vara avgörande för att uppnå en mer inkluderande global styrning. Det är med glädje jag stödjer detta projekt."

—**Achyuta Samanta**, ledamot av Lok Sabha och grundare av Kalinga Institute of Industrial Technology & Kalinga Institute of Social Sciences, Indien

"Visionen om ett världsparlament ger hopp och vägledning. FN behöver ett demokratiskt organ som kan stifta global lag till förmån för alla. Denna studie är en nyckelresurs som förklarar hur detta kan bli verklighet."

—**Ivone Soares**, parlamentsledamot, Moçambique

"Denna skrift är viktig läsning för alla som har studerat eller arbetat för global demokrati. Genom att tillhandahålla en färdplan för skapandet av en parlamentarisk församling inom FN påminner Brauer och Bummel oss om att detta steg för en mer human framtid inte bara är önskvärt. Det är också helt genomförbart."

—**Andrew Strauss**, dekan och professor i juridik, University of Dayton School of Law

”FN:s 75-årsjubileum är ett gyllene tillfälle att driva på för en inkluderande multilateralism som sätter människan i centrum. Inrättandet av en parlamentarisk församling inom FN är ett av våra viktigaste krav. Vi välkomnar detta bidrag om hur det kan implementeras.”

—Mandeep Tiwana, programchef, CIVICUS

”I denna dystra tid behöver vi en tydlig vision och hopp om en hållbar och demokratisk global ordning som gynnar alla. Just det finns i denna fantastiska rapport.”

—Takehiko Uemura, professor, School of International Liberal Arts, Yokohama City University

”För att FN ska nå framgång med Agenda 2030 och ta itu med de många kriser och utmaningar som finns i världen idag kommer intressenter från varje sektor och från hela världen att behöva arbeta tillsammans för att förena sina styrkor. En parlamentarisk församling inom FN kan vara avgörande för att lyfta detta samarbete till en ny nivå.”

—Pera Wells, fd generalsekreterare, FN-förbundens världsfederation (WFUNA)

OM DENNA PUBLIKATION

Upprättandet av en parlamentarisk församling inom FN som ett första steg mot ett världsparlament är ett centralt mål för Democracy Without Borders. Denna studie granskar förslaget och presenterar officiella rekommendationer.

OM UTGIVAREN

DEMOCRACY WITHOUT BORDERS är en internationell civilsamhällesorganisation med avdelningar runt om i världen som främjar demokrati från lokal till global nivå med ett särskilt fokus på att stärka medborgares demokratiska deltagande och representation i mer effektiva globala institutioner. Democracy Without Borders samordnar den internationella kampanjen för en parlamentarisk församling inom FN (UNPA-kampanjen).

OM FÖRFATTARNA

MAJA BRAUER är styrelseledamot i den tyska avdelningen av Democracy Without Borders. Hon har studerat filosofi och statsvetenskap och har skrivit en doktorsavhandling om världsfederalism.

ANDREAS BUMMEL är direktor för Democracy Without Borders och för UNPA-kampanjen. Han har studerat företagsekonomi och juridik.

EN PARLAMENTARISK FÖRSAMLING INOM FÖRENTA NATIONERNA

En policyöversyn av
Democracy Without Borders

Maja Brauer
Andreas Bummel

Vi vill tacka The Workable World Trust
för deras vänliga stöd.

Omslag av Belinda Designs

Framsida: Möjlig UNPA-logotyp
skapad av Tony Fleming, CC BY-SA 3.0

Baksida: Boutros-Ghali gjorde detta uttalande den
16 maj 2007 i ett meddelande till UNPA-kampanjen

Översättning:
Margareta Andersson, Joachim Elevant, Hans Leander, Petter Ölmunger

ISBN 978-3-942282-20-8

Besök vår webbplats på
www.democracywithoutborders.org

Innehåll

Förkortningar

ASEAN	Association of Southeast Asian Nations
AU	Afrikanska unionen
COSAC	Conference of Parliamentary Committees for Union Affairs of Parliaments of the European Union
CUNPA	Kampanjen för upprättandet av en parlamentarisk församling inom FN
DWB	Democracy Without Borders
EALA	East African Legislative Assembly
ECOSOC	FN:s ekonomiska och sociala råd
EP	Europaparlamentet
EU	Europeiska unionen
GPA	Global parlamentarisk församling
GRULAC	Grupp av latinamerikanska och karibiska stater
ICC	Internationella brottmålsdomstolen
ICJ	Internationella domstolen
ILO	Internationella arbetsorganisationen
IPI	Internationella parlamentariska institutioner
IPU	Interparlamentariska unionen
IMF	Internationella valutafonden
NGO	Icke-statlig organisation
OSSE	Organisationen för säkerhet och samarbete i Europa
P5	De fem permanenta medlemmarna i FN:s säkerhetsråd
PACE	Europarådets parlamentariska församling
PAP	Panafrikanska parlamentet
UDHR	Allmän förklaring om de mänskliga rättigheterna
FN	Förenta Nationerna
UNFCCC	Förenta Nationernas ramkonvention om klimatförändringar
UNPA	Parlamentarisk församling inom FN
UNPN	Parlamentariskt nätverk inom FN
UNWCI	Världsmedborgarinitiativ inom FN
WTO	Världshandelsorganisationen

Förord

FN:s 75-årsjubileum sammanfaller med en dramatisk global hälsokris orsakad av coronaviruspandemin och förvärras av ett dåligt samordnat, långsamt och otillräckligt globalt svar. Detta är ytterligare ett symptom på en underliggande kris för den globala styrningen. Det traditionella mellanstatliga sättet att möta globala utmaningar fallerar. Den globala uppvärmningen är ett exempel: de åtgärder som har vidtagits under de senaste trettio åren har visat sig ineffektiva. Forskare hävdar att det inte finns mycket tid kvar, om ens någon, för att förhindra en skenande klimatkris.

Grundorsaken till denna ineffektiva styrning är obalansen mellan å ena sidan en rådande politisk ordning baserad på nationalstater och å andra sidan de utmaningar som finns som kräver beslutsam planetär respons. Vad som behövs är en ny vision om en demokratisk världsordning baserad på gemensam global suveränitet för globala frågor.

I en tid som präglas av nationalistisk populism, geopolitiska spänningar och ökande auktoritarism kommer målet om ett nytt FN, baserat på överstatligt globalt beslutsfattande med verklig makt inom vissa definierade områden, inte att realiseras över en natt. Men även om världen står inför många akuta problem som kräver omedelbar handling, vore det ett stort misstag att inte genomföra en långsiktig systematisk förändring parallellt med politiska åtgärder här och nu. Transformationen av dagens dysfunktionella globala system borde ha påbörjats för länge sedan. Vi är övertygade om att upprättandet av en parlamentarisk församling inom FN (UNPA)[1] är det enskilt viktigaste steget mot detta mål.

Förslaget om en UNPA som beskrivs i denna studie är pragmatiskt och genomförbart under rådande förhållanden. Vi föreställer oss en försiktig start som banar väg för fortsatt utveckling och i förlängningen en transformering av församlingen till ett direktvalt världsparlament i samband med en mer genomgripande översyn av FN och relaterade institutioner. Ju snabbare detta händer, desto bättre. Under tiden har en UNPA redan initialt potential att åstadkomma kraftfull förändring.

---

[1] UNPA är en förkortning av engelskans United Nations Parliamentary Assembly

Democracy Without Borders presenterar i denna studie organisationens officiella rekommendationer och slutsatser. Dessa presenteras i en sammanfattning i början av dokumentet och förklaras mer utförligt längre fram. Ställningstaganden bygger på tidigare officiella dokument[2] och författarna har försökt att ta hänsyn till argument som framförts i konsultationer och diskussioner om ämnet under årens lopp. Vi tackar alla som har deltagit i sådana samtal och i projektet att förespråka en UNPA på ett eller annat sätt. Det är omöjligt att nämna alla med namn. För pågående och långvarigt stöd för att förespråka en UNPA riktas särskilt tack till Jo Leinen, Fernando Iglesias, Ivone Soares, Fergus Watt och Nancy Dunlavy.

Vi vill också tacka Jessica Seiler och hennes team som översatte det ursprungliga utkastet till detta dokument från tyska till engelska och de som granskade delar av språket. Ett särskilt tack riktas till John Vlasto som granskade det engelska språket i hela dokumentet och dessutom gav många värdefulla synpunkter på innehållet. Vi är tacksamma för alla som tagit sig tid att läsa utkastet och ge kommentarer. Alla kvarstående brister och fel är våra egna.

Denna publikation tillägnas minnet av Joseph Schwartzberg som dog 2018 vid en ålder av 90 år. Genom Workable World Trust som han skapade 2014 har Joe gjort betydande bidrag för att stödja arbetet med Democracy Without Borders, för vilket vi är oerhört tacksamma. Joe var en stark förespråkare av en UNPA och bidrog också med egna intellektuella insatser. Under 2012 publicerade vår organisations föregångare till exempel en studie författad av honom om fördelningen av platser i en UNPA.[3] Vi instämmer helt i den underliggande utgångspunkten för hans arbete, att utformningen av beslutsfattande institutioner har en viktig inverkan på kvaliteten och legitimiteten i de beslut som dessa institutioner fattar.[4]

Slutligen vill vi bjuda in dig som läsare att dela synpunkter och delta i diskussionen. Sedan den första gången fördes fram 1949 har idén om en UNPA utvecklats och kommer att fortsätta utvecklas. Om du håller med i huvuddragen i förslaget som presenteras här, får du gärna överväga att stödja Democracy Without Borders och delta i våra ansträngningar.

---

[2]   Särskilt Bummel, 2010a och 2010b, samt alla CUNPA-dokument i bilagan.

[3]   Schwartzberg, 2012.

[4]   Schwartzberg, 2013, s. 2.

Förord till den svenska utgåvan

Det är med glädje och stolthet som jag presenterar denna svenska översättning av Democracy Without Borders policyöversyn av förslaget att upprätta en parlamentarisk församling inom FN (UNPA).

Sedan tanken om en UNPA första gången fördes fram några år efter Förenta Nationernas grundande, och sedan förslaget sedan Berlinmurens fall fått allt större uppmärksamhet, har denna idé nu kommit att bli mer aktuell än någonsin. Globala problem kräver globala lösningar. Att ge mänskligheten en röst är inte längre bara en fin vision. Det har kommit att bli en existentiell nödvändighet för den mänskliga civilisationens överlevnad.

Denna skrift vänder sig i första hand till politiker och tjänstemän, men också till företrädare för civilsamhället och andra engagerade medborgare som söker redskap i bygget av ett starkare FN och en mer välfungerande världsordning. Förslaget om att inrätta en UNPA beskrivs här utförligt utifrån politiska, rättsliga och olika praktiska aspekter. Således bör många av de frågor som visionen om ett världsparlament ofta väcker kunna få ett svar i denna översyn.

Ett särskilt tack riktas här till Joachim Elevant som tog initiativ till och som har samordnat arbetet med att översätta skriften till svenska. Joachim och det översättningsteam som han har lett har gjort en ovärderlig insats för att ro detta projekt i hamn, utan ekonomisk ersättning och vid sidan av ordinarie arbeten och övriga plikter. I översättningsteamet har även följande personer ingått: Margareta Andersson, Hans Leander och undertecknad.

Slutligen återstår bara att önska att skriften ska bli läst av många, samt att arbetet för att inrätta en parlamentarisk församling inom FN genom den ska få ytterligare en skjuts framåt.

Petter Ölmunger, ordförande Demokrati utan gränser
Ödsmål, Stenungsund, oktober 2020

Sammanfattning

Mänskligheten står inför en mängd globala utmaningar, framför allt behovet av att skapa en hållbar, rättvis och fredlig global civilisation där de planetära gränserna respekteras och livet på jorden bevaras.

De nuvarande existentiella globala hoten kan endast hanteras gemensamt. Globala institutioner och politiska processer behöver därför stärkas och förnyas. Deras legitimitet måste kunna härledas från folket som behöver ges kraft och makt att arbeta tillsammans för ett globalt allmänintresse och framtida generationer.

Detta kräver införande av demokratisk delaktighet och representation på global nivå. I syfte att initiera en demokratisering och förstärkning av global styrning innehåller denna studie en begäran om inrättandet av en parlamentarisk församling inom FN. Därtill återfinns officiella rekommendationer från Democracy Without Borders.

Församlingen kan utformas i linje med befintliga internationella parlamentariska institutioner och inledningsvis upprättas av FN:s generalförsamling som ett kompletterande organ utan att FN-stadgan behöver ändras.

Församlingens befogenheter och funktioner bör utökas gradvis med den långsiktiga målsättningen att utveckla ett världsparlament vars ledamöter väljs direkt av den globala befolkningen. Initialt bör representanter väljas av politiska grupper i befintliga parlament, varigenom också oppositionen ska representeras.

Det rekommenderas att församlingen är öppen för universellt deltagande och att tilldelningen av platser per land till en början följer principen om degressiv proportionalitet. Arbetet ska baseras på transnationella politiska grupper som bildas av enskilda representanter.

Församlingen, politiska grupper och enskilda representanter måste vara lojala mot och värna de grundläggande principerna i FN-stadgan och den allmänna förklaringen om de mänskliga rättigheterna.

Översikt över slutsatser och rekommendationer

Politiska mål med en UNPA

– Att genom valda företrädare göra världens människor delaktiga i FN:s arbete, den globala styrningen samt i politiska förhandlingar och beslut på global nivå.

– Att utöva parlamentarisk tillsyn över FN:s arbete och den globala styrningens system och att göra dess verksamhet mer öppen och ansvarsskyldig inför allmänheten.

– Att skapa en gemensam plattform för internationellt parlamentariskt samarbete i mänsklighetens gemensamma intresse.

– Att tillhandahålla ett oberoende världsforum där potentiella lösningar på globala utmaningar diskuteras offentligt och där åtgärder rekommenderas till FN och till regeringar.

– Att främja grundläggande mänskliga rättigheter, demokrati och rättsstatsprincipen över hela världen och att bidra till den pågående utvecklingen av en planetär livssyn som sätter människors välfärd och livet på jorden i centrum.

– Att fungera som en katalysator för global demokratisering, integration och reform.

Vägledande principer

– *Universalitet:* En UNPA är öppen för alla FN:s medlemsstater med ett parlament som är förankrat i konstitutionen och som är oberoende av den verkställande makten.

– *Världsbefolkningens företrädare:* Ledamöterna i en UNPA är inte regeringsrepresentanter bundna av instruktioner, utan företrädare för världsbefolkningen och legitimerade genom indirekta eller direkta val.

– *Representativitet:* Församlingen återspeglar så adekvat som möjligt spektrumet av politiska åsikter i ett visst land. Vid indirekta val skickas delegater, förutom från ett lands styrande parlamentariska grupper, även från oppositionspartier som är representerade i landets parlament. Vid direktval används ett system med proportionell representation.

- *Globalt mandat*: Parlamentariker i en UNPA har en stadgeenlig skyldighet att företräda mänsklighetens intressen som helhet samt att främja planetär enighet och välfärd. De har mandat att diskutera globala frågor och göra rekommendationer i dessa frågor.

- *Offentliga överläggningar och arbete i utskott*: Liksom i befintliga parlament hålls i en UNPA regelbundna offentliga sammanträden och betydande arbete utförs genom ett system av utskott och andra organ.

- *Transnationella grupper*: Arbetsmetoderna och förfarandena för församlingen bygger främst på transnationella politiska grupper som är upprättade av delegaterna utifrån gemensamma politiska perspektiv och uppfattningar. Dessa grupper måste inkludera ledamöter från ett visst minimiantal av stater från ett minimiantal av regioner i världen.

- *Institutionaliserat nätverk*: En UNPA är en plattform för att stödja ett pågående utbyte mellan parlament, internationella institutioner och civilsamhället.

- *Kooptation*: För att förbättra minoriteters, oppositionspartiers och det civila samhällets deltagande kan de politiska grupperna i församlingen på utskottsnivå välja in (kooptera) ett visst antal personer som rådgivande UNPA-ledamöter utan rösträtt.

- *Evolutionär utveckling*: I likhet med befintliga internationella parlamentariska institutioner (IPI:er) kommer den nya FN-församlingen initialt endast att ha begränsade befogenheter i form av rådgivning, tillsyn och deltagande. Dess befogenheter kan och bör dock utvidgas väsentligt med tiden.

Etablering

En UNPA kan skapas på olika sätt. Vi anser att det mest lovande tillvägagångssättet för närvarande är att upprätta församlingen som ett *nytt underorgan*[5] *till generalförsamlingen enligt artikel 22 i FN-stadgan*. Denna bedömning bygger på följande:

---

[5] Den engelska termen "subsidiary organ" översätts till "biträdande organ" i FN-stadgan. På senare tid används dock alltmer "underorgan", se fn.se/vi-gor/vi-utbildar-och-informerar/fn-info/fn-som-organisat-ion/fn-systemet/underorgan/.

- Förfarandet har tillämpats flera gånger för att upprätta nya FN-organ.

- En majoritetsomröstning i generalförsamlingen är tillräcklig.

- Kopplingen till generalförsamlingen placerar den parlamentariska församlingen i FN-systemets centrum.

- Statusen som underorgan till FN:s generalförsamling möjliggör utförandet av ett omfattande spektrum av globala uppgifter och ett oberoende som är nödvändigt för parlamentariskt arbete.

- Generalförsamlingens årliga sessioner möjliggör en kontinuerlig utvärdering och vidareutveckling av församlingen.

Det finns även andra förfaranden för inrättandet av en UNPA som bör fortsätta att övervägas. Ett sätt är att förhandla fram ett internationellt avtal. Ett annat sätt är att uppgradera ett parlamentariskt nätverk som tidigare inrättats inom FN som ett preliminärt steg. När det gäller den Interparlamentariska unionen (IPU) förespråkar vi en kompletterande relation med en UNPA eftersom de båda organen har olika funktioner. För att stärka det civila samhällets deltagande i FN föreslår vi att inrättandet av ett globalt FN-forum för civilsamhället ska undersökas. Forumet skulle bli ytterligare ett organ vid sidan om en UNPA.

När det gäller reform av FN-stadgan förordar vi ett globalt tvåkammarsystem där stater och världsbefolkningen är representerade i separata församlingar med ansvar och befogenhet att besluta om politiska frågor som bäst kan hanteras på global nivå, baserat på subsidiaritetsprincipen.

Det primära målet bör vara en inkluderande och öppen konsultations- och förhandlingsprocess i FN:s regi om inrättandet av en UNPA. Därigenom, menar vi, kan beslut fattas om det bästa förfarandet för att utifrån internationell rätt skapa en UNPA.

UNPA som en drivkraft för demokrati

Om en UNPA ska vara globalt inkluderande behöver stater med begränsade demokratiska- och rättsstatsprinciper också vara representerade i den, på samma sätt som i befintliga IPI:er. Även om sådana staters deltagande påverkar församlingens demokratiska legitimitet och rykte, rekommenderar vi likväl en universell inriktning.

Vi menar att det finns starka skäl att förvänta sig att en UNPA som är öppen för alla FN:s medlemsländer fortfarande kommer att fungera på ett demokratiskt sätt och dessutom bli en drivkraft för världsomspännande demokratisering. Detta antagande är bland annat baserat på en UNPA:s demokratiska, rättighetsbaserade, oberoende och transnationella egenskaper som ska garanteras och förstärkas genom dess stadgar och förordningar. Vi anser att följande är centralt:

- Ett entydigt lojalt åtagande, formulerat i stadgarna, från UNPA:n såväl som dess enskilda ledamöter och politiska grupper gentemot de grundläggande målen i FN-stadgan och den allmänna förklaringen om de mänskliga rättigheterna (UDHR).

- Transnationella politiska gruppers centrala roll i arbetsordningen.

- En ledamotsplats i UNPA:n ska inte kunna innehas parallellt med regeringsuppdrag eller andra höga positioner inom offentlig tjänst, inklusive mellanstatliga organisationer.

- En förordning som gör att församlingens ledamöter under sin mandatperiod inte kan avsättas från tjänsten av institutioner i deras ursprungsland och att de åtnjuter skydd.

- Inrättande av en oberoende kommission för att utreda potentiella anklagelser om korruption eller annan kriminell verksamhet.

- En verifierbar uppförandekod avseende delegaters andra anställningar och deras eventuella band till lobbyister; och inrättandet av ett öppenhetsregister.

- Målsättningen om en allmän övergång till direktval.

Valförfarande

I det initiala skedet av en UNPA kan delegater skickas från medlemsländernas parlament och eventuellt från regionala parlament. Införande av direktval bör vara möjligt när som helst och vi rekommenderar att varje land till en början själva får bestämma när de ska införa detta. Målet med allmänna direkta val i alla medlemsstater bör emellertid förankras i stadgarna från början.

Valorganisationen bör inledningsvis vila på medlemsstaternas egna system för allmänna val, samtidigt som allmänna valregler säkerställer en acceptabel nivå av homogenitet och öppenhet. Vi föreslår att proportionell representation ska tillämpas så att ett brett politiskt spektrum återspeglas.

Vi betraktar följande element som hörnstenar i valreglerna:

- Förordningar för val av delegater via parlamentsval och genom direktval, samt för övergången mellan dessa förfaranden.

- Ett förfarande för att representera parlamentarisk opposition i alla länder vid förekomsten av indirekta val.

- Fastställande av valperioden. För att sänka kostnaderna och sänka tröskeln för en gradvis introduktion av direktval föreslår vi att direktval initialt hålls i samband med relevanta nationella val och inte vid ett enhetligt globalt datum.

- Bestämmelser för att uppnå jämställdhet mellan könen. Som ett första steg föreslår vi att ordningar baserade på en minimikvot införs.

- En oberoende valkommission som övervakar det ordnade genomförandet av val och som kan införa sanktioner.

- Involvera befintliga IPI:er i församlingen, till exempel genom att de representeras av rådgivande UNPA-delegater.

Fördelning av platser

För att balansera andelen delegater som kommer från stora respektive små länder i församlingen, bör platser fördelas så att ett land med en liten befolkning får fler mandat i relation till sin befolkning än vad ett stort land får i relation till sin befolkning. Vi rekommenderar följande riktlinjer:

- Tillämpning av principen om degressiv proportionalitet baserad på ländernas befolkningsstorlek.

- Ekonomisk styrka ska inte utgöra ett kriterium för att avgöra antalet platser som ett land tilldelas i en UNPA.

- Tillämpning av universella och transparenta kriterier.

- Ett minimiantal om två platser för alla stater i syfte att möjliggöra representation av parlamentarisk opposition från varje land.

- Mellan 700 och 900 som ett maximalt antal platser för att garantera församlingens effektivitet.

Representation av oppositionen

- Vid indirekta val genom nationella parlament bör de politiska partierna eller grupperna autonomt besluta om valet av de UNPA-delegater som de tilldelats.

- Antalet UNPA-platser som tilldelas varje parti eller grupp bör återspegla deras proportionella styrka i respektive parlament så exakt som möjligt.

- Minst en plats ska tilldelas den största parlamentariska oppositionsgruppen.

- Vid direktval upprättar partier eller grupper i ett land sina egna kandidatlistor.

Befogenheter och funktioner

En UNPA kan utföra ett brett spektrum av uppgifter. När församlingen har inrättats eller under dess vidare utveckling bör den bland annat anförtros följande befogenheter och funktioner:

- Regelbundna offentliga plenum- och utskottssammanträden.

- Ge råd till FN:s generalförsamling och andra FN-institutioner och delta i deras arbete.

- Parlamentarisk tillsyn och kontroll över FN-systemet, inklusive rättigheter att ställa frågor, ta del av information och inkalla vittnen samt möjligheten att inrätta undersökningskommittéer.

- Delta i beredningen av FN:s budget och i valet av generalsekreterare och andra höga tjänstemän i FN-systemet.

- Övervaka stora globala utvecklingsfrågor och implementering av FN-program.

- Delta i fördragsförhandlingar och internationella konferenser i FN:s regi.

- Regelbundna offentliga rapporter om FN-systemets arbete med möjlighet att hålla öppna utfrågningar i specifika frågor.

- Organisera internationella expertmöten och offentliga evenemang.

- Samordningsfunktion gentemot FN, andra internationella institutioner, parlament, IPI:er och civilsamhället.

- Utveckla program för att stärka rättsstatsprincipen såväl som demokratiska och hållbara sociala strukturer i världen.

- En prioriterad uppgift för församlingen bör vara att organisera globala debatter om hur FN och de nuvarande mekanismerna för global styrning kan reformeras och omvandlas och att lägga fram förslag inom detta område.

Organisation och arbetsformer

Vi rekommenderar att UNPA:ns plenarsessioner hålls minst två gånger per år i form av sammanträdesperioder på flera veckor, en av dem under det årliga öppnandet av FN:s generalförsamling.

Församlingens rådgivande och samordnande roll bör utövas genom ett kontinuerligt substantiellt arbete med globala frågor där prioriteringar fastställs genom inrättandet av utskott.

Vi betonar behovet av omfattande och effektiva förfaranden för att involvera medborgare, civilsamhället och lokala förvaltningar som städer och kommuner.

Möjligheterna att komplettera det parlamentariska arbetet med innovativa former av medborgardeltagande, såsom digital interaktion, bör undersökas.

Finansiering

Storleken på den finansiering som en UNPA kommer att behöva beror på dess tilldelade funktioner och om ledamöter väljs av nationella parlament eller genom direktval.

Om ledamöter väljs av parlament uppskattar vi en minimibudget på 20 till 35 miljoner amerikanska dollar (motsvarar 175 till 310 miljoner svenska kronor) som kan tillhandahållas från FN:s allmänna budget och/eller genom frivilliga bidrag.

Med införandet av direktval ökar de finansiella behoven. För att täcka dessa kostnader rekommenderar vi dels en kärnbudget, från vilken UNPA:ns ordinarie uppgifter finansieras, och dels en tilläggsbudget, som ska finansieras av de stater som satsar på direktval.

Om frivilliga bidrag lämnas av regeringar, internationella organisationer, individer, företag och andra juridiska personer, måste församlingens oberoende garanteras.

Utsikterna för utveckling

UNPA-konceptet kännetecknas av en kombination av dels en följsam pragmatiskt reform och dels en omfattande vision om global utveckling. En UNPA kan realiseras relativt enkelt och till en rimlig kostnad genom beprövade förfaranden för inrättande av internationella organ. När den väl är etablerad kan den, förutom att fullfölja en mängd viktiga funktioner inom det globala systemet, dessutom med tiden också bidra väsentligt till detta systems vidareutveckling i det globala samhällets intresse.

Valda representanter kan fylla en avgörande funktion i den gradvisa utvecklingen av en UNPA till ett globalt parlament direktvalt av världens befolkning med befogenhet att ta itu med globala utmaningar.

Vi ser en UNPA som ett första, men avgörande steg som för första gången ger folk och mänskligheten som helhet en röst på global nivå och som banar väg för en reformprocess där världsbefolkningen gradvis kan stärka sig själv och bygga en hållbar, rättvis och fredlig värld.

1. Mänsklighetens röst

1.1. Den globala styrningens misslyckande

Människor är globalt sammankopplade. Historiskt har detta aldrig varit mer påtagligt än idag.[6] Stater, ekonomiska och sociala organisationer och enskilda människor länkas alltmer samman i komplexa beroendeförhållanden som spänner över hela jordklotet. Globaliseringen har möjliggjort en enorm ökning av ekonomisk utveckling och välstånd i stora delar av världen. Men den globala civilisationen som har uppstått över nationsgränserna är ömtålig och sårbar.

Mänsklig aktivitet som drivs av industrialisering, modernisering, urbanisering, befolkningstillväxt och teknisk utveckling har en dramatisk global påverkan på klimatsystemet, biosfären och livet på jorden. Global uppvärmning orsakad av utsläpp av växthusgas kommer att leda till en katastrofal kollaps av det livsbevarande och säkra existensutrymme för mänskligheten som funnits under de senaste 11 000 åren av mänsklig civilisation.[7]

När det gäller global politik och reglering är mänskligheten inte bara oförberedd inför klimatkrisen utan även när det gäller snabb, sammankopplad teknisk utveckling inom områdena bio- och nanoteknik, robotik, automatisering och artificiell intelligens. Utvecklingen i det globala systemet påverkar i allt högre utsträckning förverkligandet av grundläggande samhällsmål som politisk frihet, säkerhet, välstånd, ekologisk stabilitet och hållbarhet.

Det omfattande globala beroendet liksom den komplexa och problematiska utveckling som är förknippad med detta har avsevärt ökat behovet av global samordning, reglering och organisation. Stater står inför en mängd problem som överskrider nationsgränser och politiska uppgifter som de inte lyckas tackla på egen hand. Därför måste allt fler beslut i viktiga politiska frågor samordnas och fattas på internationell nivå.

Gränsöverskridande samarbete sker fortfarande främst inom ramen för mellanstatliga organisationer och forum som överlappar varandra utan att bilda en sammanhängande global styrningsstruktur. Detta konglomerat har visat sig vara otillräckligt för att möta den nivå av samarbete som krävs för att

6   Altman et al., 2019.
7   Rockström et al., 2009.

hantera globala utmaningar. Samtidigt vidmakthåller statssuveränitetens paradigm, som har gått i arv från absolutismens tid till 2000-talet, mycket farliga brister i det internationella systemet. Effektiva åtgärder som gagnar alla hindras av mångfalden av nationella intressen. På grund av konkurrens mellan länder tillhandahålls inte i tillräcklig utsträckning de tjänster som behövs för att upprätthålla global stabilitet och utveckling och för den globala allmännyttan. Varje nationell regering kan förvänta sig att en fördel som den avstår till förmån för den långsiktiga globala allmännyttan, kommer att utnyttjas av andra stater. Situationen leder till att det nationella intresset sätter sig självt som vägledande princip för utrikespolitiken. Dessutom uppstår en paralysering som motverkar förverkligandet av allmänintresset och bidrar till att undergräva de multilaterala ansträngningarna.

Praktiskt taget alla stater upprätthåller fortfarande en militärmakt och konkurrerar geopolitiskt med varandra. Målet med omfattande konventionell nedrustning och kärnvapennedrustning verkar ouppnåeligt inom ramen för en obegränsad nationell suveränitet.

Ett särskilt dystert exempel på den globala styrningens dödläge är den pågående globala klimatförändringen, som utgör en existentiell kris där varje år är viktigt i fråga om nödvändiga motåtgärder. Ändå kom frågan inte upp på den globala politiska agendan förrän 1992 i Rio de Janeiro. Viktig tid gick förlorad. Ett maraton av internationella förhandlingar tog vid och har pågått i årtionden. Resultatet är fortfarande osäkert med tanke på USA:s tillbakadragande från Parisavtalet och nya rekordnivåer i årliga CO2-utsläpp.

Bristerna och farorna i den globala styrningen förvärras ytterligare av uppkomsten av nya maktcentra. Multinationella företag och leverantörer av finansiella tjänster som verkar på global nivå kan inte bara undvika statlig kontroll i stor utsträckning, utan kan också utöva stort inflytande på den förda politiken. Storföretagens ökande inflytande för med sig en rad allvarliga problem, såsom ett enormt utflöde av kapital till skatteparadis, dolda ägarstrukturer hos skalbolag, kringgående av sociala och miljömässiga standarder, extrem ojämlikhet, utvecklingen av en parallell värld av finansiella transaktioner bortom det ekonomiska värdeskapandet och en fragmenterad ekonomisk och finansiell styrning som knappast kan hantera de chocker som kan drabba det globala ekonomiska systemet, såsom finanskrisen 2008.

Som framgår av den pågående debatten om globaliseringens vinnare och förlorare är denna utveckling förknippad med betydande social spänning och splittring, samtidigt som alternativen för gemensamma åtgärder fortsätter att undergrävas. Upplevelsen av att ekonomiskt, socialt och kulturellt ha blivit lämnad på efterkälken av globaliseringen visar sig nu i att många länder söker sig till nationalistiska och populistiska rörelser. Denna utveckling hotar att störa den sociala ordningen på nationell och internationell nivå och ytterligare försvaga det redan bräckliga multilaterala samarbetet.

Det växande styrningsunderskottet i det internationella systemet åtföljs också av ett ökande demokratiskt underskott. Mångfalden av multilaterala strukturer och forum för internationell politik erbjuder endast marginella möjligheter, om ens några, för demokratiskt deltagande. De är vanligtvis svåra att få insyn i och domineras till stor del av regeringsrepresentanter. En konsekvens av att allt fler uppgifter och beslutsprocesser flyttas från nationell till internationell nivå är att betydelsen av offentliga demokratiska samtal och grunden för demokratiska institutioner, som parlament inom stater, undergrävs allt mer.[8]

Denna globala erosion av demokratin kan endast motverkas genom att utvidga demokratisk diskussion och legitimitet liksom parlamentarisk representation även bortom nationalstaten. En sådan process kommer dessutom möjliggöra för mänskligheten att övervinna fragmentering, uppnå en ny nivå av organisering och hantera globala utmaningar mer effektivt.

1.2. Förslaget om en parlamentarisk församling inom FN

Som ett första steg mot att genomföra demokratisk representation och deltagande på global nivå uppmanar vi till skapandet av en parlamentarisk församling inom FN (UNPA). Detta nya organ skulle göra det möjligt för medborgarna i FN:s medlemsländer att genom valda ledamöter delta i politiska förhandlingar och beslut på global nivå.

Förslaget bygger på en pragmatisk och stegvis strategi baserad på erfarenheter från en mängd befintliga internationella parlamentariska institutioner (IPI:er), i synnerhet regionala parlament och parlamentariska församlingar. I likhet med andra IPI:er skulle en UNPA först få rådgivande, övervakande och deltagande befogenheter som skulle kunna utökas över tid. Ett brett utbud av ansvar och uppgifter är tänkbart utan att behöva blanda sig i nationella konstitutionella bestämmelser eller lagstiftning. Utvecklingen av Europaparlamentet (EP) från ett parlamentariskt organ med begränsade befogenheter till ett överstatligt parlament utgör ett lärorikt exempel.

Förslaget om en parlamentarisk församling är lika gammalt som FN självt och idén om ett världsparlament har funnits betydligt längre. Sedan 1990-talet har en bredare diskussion utvecklats på både akademisk och politisk nivå. Vi berör bara kort den historiska bakgrunden och debatten här och hänvisar

---

[8]   Jfr Leinen & Bummel, 2018, s. 315ff.

för en detaljerad redogörelse till boken *A World Parliament: Governance and Democracy in the 21st Century*, som publicerades 2018 av Jo Leinen och Andreas Bummel.[9]

Kort efter grundandet av FN, och inspirerad av inrättandet av Europarådet och dess parlamentariska församling (PACE), påpekade den amerikanska diplomaten och experten på internationell rätt, Louis B. Sohn, möjligheten att använda artikel 22 i FN-stadgan för att skapa en parlamentarisk församling inom FN.[10] Under årtiondena som präglades av en konfrontation mellan öst och väst spelade detta förslag, liksom FN-reformer i allmänhet, knappast någon roll i politisk praxis.[11] Det upplevde en renässans först efter Berlinmurens fall och med den demokratiseringsvåg som följde därpå. Ett häfte som presenterades av World Federalist Movement 1992 utvecklade förslaget mer i detalj och gav det en avgörande skjuts framåt.[12] Dokumentet var skrivet av kanadensaren Dieter Heinrich och drog slutsatsen att en rådgivande parlamentarisk församling inom FN bör ses som början på en utvecklingsprocess mot ett världsparlament.[13]

Debatten om en UNPA understöddes av det växande antalet internationella institutioner som utrustades med parlamentariska organ, t.ex. OSSE 1991.[14] Inte minst var utvecklingen av EU och EP en viktig inspiration. Reforminitiativ på hög nivå, experter och nätverk inom civilsamhället förde fram idén om en rådgivande UNPA.[15] 1996 varnade FN:s generalsekreterare Boutros Boutros-Ghali att "demokrati inom staten kommer att minska i betydelse om demokratiseringsprocessen inte går framåt på internationell nivå".[16] Efter sin mandatperiod uttryckte han stöd för målet om en UNPA som han beskrev som ett "oumbärligt steg för att uppnå demokratisk kontroll över globaliseringen".[17]

För att samordna stödet från politik och samhälle för en UNPA, lanserades den internationella kampanjen för en parlamentarisk församling inom FN

---

[9]   Leinen & Bummel, 2018, kap. 2-9.

[10] Ibid., s. 62ff med ytterligare referenser.

[11] Se t.ex. diskussionen hos Sohn, 1970, s. 58-60 och s. 121ff.

[12] Heinrich, 2010.

[13] Vi kommer att beröra detta mer i detalj längre fram. För ett världsparlament som en del av en världsrepublik, se Höffe, 2002.

[14] Se Kissling, 2011.

[15] Jfr t.ex. Childers & Urquhart, 1994, s. 176-181 med referens till Heinrich på s. 176. Commission on Global Governance, 1994, s. 285f, uttryckte stöd för förslaget som ett medellångsiktigt mål.

[16] Boutros-Ghali, 1996, s. 19f.

[17] Boutros-Ghali, 2007.

(CUNPA) 2007 under beskydd av Boutros-Ghali. Med koalitionen för Internationella brottmålsdomstolen (ICC) som förebild, vilken spelade en viktig roll i skapandet av ICC, bildades CUNPA som ett informellt nätverk. Det är neutralt vad gäller partipolitik och ideologi och verkar på grundval av överenskomna mål. I en "Appell för upprättandet av en parlamentarisk församling inom FN" förespråkar deltagarna i kampanjen ett "gradvis genomförande av demokratiskt deltagande och representation på global nivå".[18] Här identifieras UNPA:n som ett första "oumbärligt steg" liksom en "politisk katalysator för vidare utveckling av det internationella systemet och av internationell rätt". UNPA-förslaget anses vara en pragmatisk och genomförbar ansats med stor inneboende evolutionär potential.[19]

UNPA-kampanjen samordnas av Democracy Without Borders (DWB).[20] Sedan lanseringen 2007 har stödet för en UNPA vuxit väsentligt. Mer än 1600 parlamentsledamöter från över 130 länder, hundratals framträdande personligheter från olika samhällsområden samt ett stort antal grupper och organisationer från civilsamhället har undertecknat kampanjens internationella appell. Parlamentariker som är associerade med kampanjen tar kontinuerligt initiativ i nationella och regionala parlament för att föra debatten framåt. En ökande global samordning av dessa aktiviteter pågår. Ett uttalande publicerat 2018 varnade för att "FN, den multilaterala ordningen och demokratin" är under attack och uppmanade till att det upprättas en UNPA som en del av en motstrategi för att stärka demokratin.[21]

Uttalanden och resolutioner till förmån för en UNPA har vidare antagits av Civilsamhällets millennieforum (2000), Latinamerikanska parlamentet (2008), Argentinska senaten (2008) och deputeradekammaren (2009), PACE (2009), Mercosurs parlament (2011), PAP (2007, 2016), EP (2011, 2017, 2018), den Östafrikanska lagstiftande församlingen (2013) och det virtuella UN75 People's Forum (2020) bland många andra.[22]

---

[18] CUNPA, 2007a.

[19] För en analys av den potentiella socio-ekonomiska dynamiken, se Falk & Strauss, 2011.

[20] DWB bildades 2017. Föregångare var bland andra the Committee for a Democratic UN som bildades 2003.

[21] CUNPA, 2018.

[22] Några av dessa dokument ingår i bilagan.

1.3. "Vi, folket" - demokrati som mänsklig rättighet

En UNPA representerar en global manifestation av rätten till demokrati. Nationell och internationell demokratisering är sammankopplade processer som båda är beroende av civilsamhällets engagemang. Demokratisering av globala sociala strukturer på alla nivåer indikerar en ny fas av global integration och vore otänkbart utan nya transnationella ansträngningar i samtliga delar av världen. Som ett legitimt gemensamt forum för mänskligheten skulle en UNPA ha en framträdande ställning för att ytterligare stärka och samordna sådana ansträngningar. Det skulle kunna bli den viktigaste allierade till alla de som arbetar för rätten till demokrati inom och bortom nationalstatens gränser.

På grundval av den allmänna förklaringen om de mänskliga rättigheterna (UDHR), som antogs av FN:s generalförsamling 1948, betraktas demokrati som en okränkbar mänsklig rättighet (artikel 21) som måste skyddas genom internationella strukturer. I artikel 28 i förklaringen anges att alla "har rätt till ett socialt och internationellt system där de rättigheter och friheter som behandlas i denna förklaring till fullo kan förverkligas." Det finns en växande medvetenhet om att denna rätt till demokrati inte bara måste garanteras universellt och skyddas institutionellt, utan också omfattar beslutsstrukturerna i det internationella systemet.[23]

Vid dess årliga sammanträde antar FN:s generalförsamling nu en resolution för "främjande av en demokratisk och rättvis internationell ordning" vilket bekräftar alla människors rätt till denna ordning.[24] Vidare anges i resolutionen att detta kräver "främjande och konsolidering av öppna, demokratiska, rättvisa och ansvarsfulla internationella institutioner inom alla samarbetsområden, särskilt genom att förverkliga principen om fullt och lika deltagande i deras respektive beslutsmekanismer." Agenda 2030, som antogs av FN:s generalförsamling, kräver i mål 16 "effektiva och transparenta institutioner med ansvarsutkrävande på alla nivåer" såväl som "lyhört, inkluderande, deltagande och representativt beslutsfattande på alla nivåer." Följaktligen måste detta även omfatta den globala nivån.

Trots att beslut som fattas på internationell nivå ofta har en stor inverkan på människors dagliga liv finns endast indirekta möjligheter till påverkan. Möjligheterna är dessutom begränsade, ineffektiva och svåråtkomliga. Civilsamhällesorganisationer, oppositionspartier och parlamentsledamöter är också fortsatt exkluderade från beslut som fattats av regeringsrepresentanter.

---

[23] Jfr Leinen & Bummel, 2018, s. 312ff.
[24] För den 73:e sessionen se UN, 2018.

Även i sammanhang där mellanstatliga processer i princip är öppna för input från civilsamhället, står vanliga medborgare inför enorma svårigheter om de vill ge uttryck för sina synpunkter på denna nivå. Däremot har internationella lobbygrupper ofta resurser och den organisering som krävs för att hävda sina specifika intressen och därmed påverka nationella lagstiftningsprocesser.[25] Utvecklingen av internationella överenskommelser undviker generellt parlamentens deltagande och kontroll. Som ett resultat av multilaterala förhandlingar kan internationella fördrag vanligtvis endast antas eller avvisas i sin helhet när de ratificeras i respektive parlament, utan att dess ledamöter deltar i förhandlingsprocessen. Oppositionen accepterar ofta fördrag i omröstningar för att inte skada utrikespolitiken. Exklusiva mellanstatliga förhandlingar föregriper således resultatet av den nationella ratificeringen.[26]

Detta problem förvärras ytterligare av mångfalden av internationella beslutande organ och format. Så kallad klubbstyrning, som manifesterar sig i informella organ som G20 eller G8, har fått stor betydelse. "Governance by Clubs"[27] bidrar till fragmenteringen av internationella beslutsprocesser, vilket gör dem oförutsägbara, icke transparenta och exklusiva. Upprättandet av en UNPA skulle vara ett avgörande steg för att minska det internationella demokratiska underskottet och förverkliga den mänskliga rätten till demokrati på global nivå.

Representativa undersökningar som genomförts i många delar av världen under det senaste decenniet tyder på ett brett stöd för demokrati över hela världen. Demokrati erkänns nu nästan universellt som den enda legitima regeringsformen. Även auktoritära regimer känner sig tvungna att hylla detta erkännande genom att åtminstone hålla riggade val regelbundet. Samtidigt förhindrar de dock en verklig utveckling av demokratin.

Det breda stödet för demokrati bland den globala befolkningen, som ofta ligger på cirka 80 procent eller högre, omfattar också länder under auktoritära regeringar. Det finns dock skillnader i bedömningen av vad demokrati betyder, inklusive åsikter som gör gällande att demokrati är förenligt med auktoritära värden och sociala strukturer.[28]

Detta starka stöd för den demokratiska regeringsformen åtföljs av ett utbrett missnöje med dess konkreta genomförande. Det sistnämnda gäller både möjligheterna att uttrycka sina egna problem i politiken, som uppfattas som

---

[25] Jfr Spiegel, 2009, s. 235-240.

[26] Jfr Beyme, 1998, s. 21 ff, jfr även Leinen & Bummel, 2018, s. 315ff.

[27] Schneckener & Rinke, 2012.

[28] Wike et al., 2017. Se även Norris, 2011.

otillräckliga, och de övergripande resultaten av beslutsfattandet. Detta pekar på vikten av att stödja goda styrelseformer genom internationella åtgärder och att hantera de sociala omvälvningar som globaliseringen har bidragit till. Som representativa undersökningar i många länder antyder är en majoritet av världens befolkning öppen för en betydligt mer bindande och effektiv global politik än vad som för närvarande bedrivs och stöds av nationella regeringar. Majoriteten i de flesta länder stöder till exempel en stark reglering av vapenhandeln, fullständigt avskaffande av kärnvapen, en internationell skyldighet att skydda i händelse av regeringars allvarliga kränkningar av mänskliga rättigheter, ökade statliga utgifter för att bekämpa hunger och extrem fattigdom i världen och beslutsamma åtgärder mot klimatförändringarna.[29]

Upprättandet av en UNPA skulle stödja dessa förväntningar på två sätt. Dels skulle det vara ett steg mot att demokratiskt legitimera världspolitiken och bättre representera folkets vilja. Dels skulle det kunna fungera som en erkänd plattform för det globala samhället för att främja förverkligandet av lösningar som styrs av allmänintresset.

En representativ undersökning genomförd av forskningsinstitutet GlobeScan på BBC:s vägnar visade faktiskt på en klar majoritet för att inrätta en direktvald parlamentarisk församling vid FN (se tabell 1). Människor intervjuades i 18 länder som täcker 61 procent av världens befolkning. I en av frågorna om FN-reformer ombads deltagarna yttra sig om "inrättandet av en ny parlamentarisk församling inom FN, sammansatt av direktvalda företrädare, med samma befogenheter som FN:s generalförsamling, som kontrolleras av nationella regeringar." I genomsnitt stödde 63 procent reformförslaget, medan 20 procent var emot det och 17 procent var osäkra.

En UNPA skulle för första gången representera människor direkt på världsnivå och därmed öppna upp möjligheten att få upp frågor på den globala politiska agendan utan nationella regeringar som mellanhand. Dessutom skulle det bana väg för att göra internationella organ och beslutsprocesser mer öppna och ansvarsskyldiga.

Genom arbetet i en global parlamentarisk församling kan det också exemplifieras att demokrati inte bara är en grundläggande rättighet som varje enskild person på jorden har rätt till, utan också ett värde som endast kan realiseras kollektivt i samband med andra grundläggande mänskliga rättigheter. Församlingen skulle således ge konkret innebörd åt de första orden i FN-stadgan: "Vi, de förenade nationernas folk."

---

[29] Kull, 2010. Se även Global Challenges Foundation, 2017 och 2018.

1.4. Ett parlamentariskt paraply för internationellt samarbete

En UNPA skulle vara en institutionell knutpunkt mellan FN och systemet för global styrning, parlament, regeringar, civilsamhället och medborgare. I denna egenskap skulle församlingen kunna fungera som politisk katalysator för en vitalisering av FN och en vidareutveckling av det internationella systemet såväl som av internationell rätt.

Tabell 1: Resultat (i %) av en undersökning som genomfördes på BBC:s vägnar 2005, i ordning efter andelen positiva svar per land: "Stödjer du inrättandet av en ny parlamentarisk församling inom FN, bestående av representanter valda direkt av folket, med samma befogenheter som FN:s generalförsamling, som kontrolleras av nationella regeringar?"[30]

	Positiv	Negativ	Osäker
Mexiko	80	5	15
Brasilien	73	10	17
Indonesien	73	13	14
Italien	70	20	10
Kina	68	20	12
Argentina	66	29	6
Tyskland	66	24	9
Kanada	65	28	8
Filippinerna	65	29	6
Chile	64	7	29
UK	64	28	8
Sydkorea	62	33	4
Polen	59	9	31
Australien	56	35	10
Indien	56	22	23
Turkiet	55	18	28
USA	55	35	10
Ryssland	33	22	44

FN tillhandahåller ett oumbärligt ramverk för att stärka det internationella samarbetet för den långsiktiga globala allmännyttan. Genom sina många fackorgan och program har organisationen kunnat förbättra livet för hundratals miljoner människor. Dessutom är dess roll i formuleringen av universella grundläggande värden och globala politiska mål avgörande. Lyskraften hos dessa normer beror på att de vilar på förutsättningen av alla människors okränkbara och jämlika värdighet, som fick historiskt stöd i form av UDHR.

Men som en mellanstatlig organisation baserad på statssuveränitetens paradigm och icke-inblandning i inre angelägenheter återspeglar FN också de

---

[30] GlobeScan Incorporated, 2005.

systematiska bristerna i det internationella systemet, inklusive det demokratiska underskottet. Liksom andra FN-organ består generalförsamlingen, som plenum för alla medlemsländer, av regeringsrepresentanter som är bundna av direktiv och som röstar enligt nationella intressen. Det finns ingen direkt demokratisk legitimering av dessa delegater genom folkliga val eller parlament. Dessutom utgör de resolutioner som antagits av generalförsamlingen endast rekommendationer, vilka medlemsstaterna kan välja att följa eller inte efter eget godtycke.

Eftersom varje stat har en röst väger mikrostater lika tungt i församlingen som folkrika stormakter. Tillsammans med resolutionernas icke-bindande karaktär är detta en av orsakerna till varför viktiga politiska beslut ofta fattas utanför FN. Däremot har det i säkerhetsrådet etablerats en nästan oöverstiglig dominans av 5 stater. Säkerhetsrådet bär "huvudansvaret för upprätthållande av internationell fred och säkerhet" (artikel 24 i FN-stadgan) och kan med stöd av kapitel VII i FN-stadgan anta rättsligt bindande resolutioner. Men var och en av de fem permanenta medlemmarna, de så kallade P5, kan blockera beslut genom sin vetorätt, vilken ofta tillämpas. Ändringar av FN-stadgan kräver dessutom deras godkännande.

Dessa grundläggande demokratiska underskott kan inte väsentligen åtgärdas av de ansträngningar som gjorts inom FN hittills. Åtgärderna inkluderar samarbete med IPU som är de nationella parlamentens internationella organisation och ackreditering av flera tusen civilsamhällesorganisationer till Ekonomiska och sociala rådet (ECOSOC). Dessutom tillhandahålls möjligheter för icke-statliga organisationer (NGO:er) och individer att delta i FN-konferenser (t.ex. klimatkonferenser) och arbetsprocesser (t.ex. Agenda 2030). Men dessa möjligheter till deltagande är alltför selektiva, sporadiska och perifera för att möjliggöra ett betydande engagemang av människor i FN:s beslutsprocesser. Parlamentarisk representation av världsbefolkningen och FN-organens direkta ansvarsskyldighet gentemot folket saknas fortfarande helt.

Att FN ännu inte har kompletterats med ett representativt organ för parlamentarisk deltagande och kontroll är ännu mer anmärkningsvärt eftersom just den vägen har följts i många andra mellanstatliga institutioner. Sedan andra världskriget har många IPI:er uppstått för att motverka att parlament och valda företrädare skiljs från politiska processer som i allt högre grad har flyttats till internationell nivå. Sedan 1990-talet har antalet sådana institutioner ökat snabbt. Det finns nu över 100 och antalet fortsätter att växa.[31]

IPI:er möjliggör för ledamöter i nationella parlament att medverka i internationell verksamhet, att utöva effektiv tillsyn över mellanstatliga organisationer och processer, samt sköta samordningen mellan delegater från olika länder. Många av dessa institutioner är endast regionala, inriktade på specifika frågor där allmänheten vanligtvis inte har någon insyn. De har inga lagstiftande funktioner, med undantag för EP och den Östafrikanska lagstiftande församlingen (EALA).[32] Med tiden har många IPI:er förvärvat ett utökat spektrum av funktioner på grund av ökande betydelse av internationellt samarbete.[33] Planer finns på att överföra lagstiftningsbefogenheter till vissa IPI:er, till exempel det Panafrikanska parlamentet (PAP).

Tillsammans med de stora ekonomiska och finansiella institutionerna - WTO, Världsbanken och IMF - är FN, vilket PAP har kritiserat, en av de sista internationella organisationerna som "saknar en integrerad och institutionaliserad parlamentarisk församling."[34] Inrättandet av en UNPA skulle komplettera FN med parlamentarisk rådgivning, kontroll, deltagande och samordning, vilket redan är vanligt i andra mellanstatliga institutioner på regional nivå.

Jämfört med andra IPI:er skulle en UNPA ha en framstående ställning. På grund av dess globala räckvidd och dess breda demokratiska legitimitet skulle den vara väl lämpad att utvecklas till det centrala paraplyet för parlamentariskt samarbete på global nivå. I detta perspektiv kan en UNPA utgöra ett globalt parlamentariskt organ "som utöver egenskaperna hos befintliga nationella och regionala församlingar och parlament även innefattar särskilda innovativa funktioner. Genom att agera som ett institutionaliserat "nätverk av nätverk" skulle en UNPA kunna låta företrädare för befintliga parlamentariska nätverk och institutioner formellt delta i dess arbete och därmed ge dem större tyngd och inflytande."[35] Således kan en UNPA bidra till att förbättra relationen mellan FN och de många IPI:erna, skapa synergier mellan IPI:ernas aktiviteter och motverka en fragmentering av IPI:er såväl som av det internationella systemet.

---

[31]   Jfr Kissling, 2011, s. 10; Cofelice, 2019; Rocabert et al., 2019; Schermers & Blokker, 2018, §§ 558-596.

[32]   Se Kissling, 2011, s. 41.

[33]   Ibid., s. 49f.

[34]   PAP, 2007.

[35]   CUNPA, 2013.

UNPA:ns sekretariat skulle kunna samordna och sammanfoga parlamentarisk verksamhet på alla nivåer i FN-systemet. Dessutom skulle församlingen vara den ideala samlingspunkten för att behandla resultaten från parlamentariska överläggningar om specifika ämnen, vidarebefordra dem inom FN och över långa tidsperioder främja genomförandet av respektive rekommendationer. UNPA:n skulle vara det institutionella minnet för dessa aktiviteter.

1.5. En katalysator för integration och förändring

Som ett rådgivande, samordnande tillsynsorgan medför en UNPA inte någon omedelbar radikal strukturell förnyelse av det internationella systemet, och det ger inte heller någon garanti för en mer ansvarsfull global styrning, som i stort sett förblir i händerna på regeringarna. Ändå kan en UNPA förväntas vara högst politiskt relevant redan från början på grund av den integrerande funktion den kan utveckla i det globala samhället. Såsom centralt världsforum baserat på demokratisk legitimitet och rättvis representation skulle den vara en institution som respekteras av människor över hela världen; ett världsforum där globala problem diskuteras och tacklas offentligt och där expertkunskap, kreativa lösningar och ett holistiskt synsätt[36] förs in i den globala debatten. Politiker skulle möta ett ökat offentligt tryck för globalt ansvarsfulla åtgärder. Samtidigt skulle representationen av ett brett spektrum av politiska åsikter och debatterna inom en UNPA öppna för förbättrade möjligheter till en pågående process för global förståelse och opinionsbildning.

Genom diskussionerna i plenum och arbetet i utskotten kunde UNPA:n utvecklas till ett globalt nav för kommunikation, utbyte och nätverkande mellan innovativa krafter inom politik och civilsamhälle. I detta institutionella sammanhang skulle politiskt aktiva medborgare från olika länder, experter och beslutsfattare från politik och samhälle kunna liera sig i offentliga debatter och samarbeten samt presentera sina synpunkter för globala parlamentariker. Samtidigt skulle de kunna hjälpa till att främja UNPA:ns politiska initiativ på olika samhällsnivåer.

---

[36] För en holistisk analys av internationell och nationell lag, se Stamelos, 2020.

Främjande av en kosmopolitisk och planetär livsåskådning

En parlamentarisk församling inom FN är mycket mer än bara ännu en institution.[37] Genom sin själva existens och som ett första steg mot ett världsparlament skulle den förkroppsliga grundläggande värden och idéer samt definiera dessa som ett politiskt riktmärke:

- Mänskligheten som ett demokratiskt samhälle som inkluderar alla folk i dess mångfald.
- Föreställningar om globalt medborgarskap och en direkt relation mellan alla människor och deras planet.
- Att demokrati inte slutar vid nationsgränser och att människor har rätt att besluta i frågor som berör dem kollektivt på global nivå.
- Förutom lojaliteten till det egna landet borde det finnas en kosmopolitisk lojalitet i form av varje människas delade ansvar för det planetära samhället.
- Världsordningen är mer än en arena för stater och den kräver en kollektiv myndighet som representerar allas rättigheter och deras gemensamma bästa.

En UNPA skulle inte bara vara ett uttryck för dessa värden utan också en katalysator för en sådan förändring av internationell politik och av hur människor uppfattar världen. Genom sin transnationella karaktär skulle församlingen främja ett planet- och medborgarcentrerat perspektiv som inbegriper ett ansvar för framtida generationer och livet på vår jord. Som ett forum för mänskligheten kan en UNPA bidra till ett förändrat sätt att tänka så att fler och fler människor rör sig bortom politiska och kulturella gränser, ser sig själva också som världsmedborgare och förenas i gemensamma ansträngningar för att bevara sin hemplanet jorden.

Stärka relationen till medborgarna

Som en integrerad del av FN skulle en UNPA spela en viktig roll för att komplettera arbetet i generalförsamlingen och i andra organ i FN-systemet med parlamentariska förfaranden. Som EP har uttalat skulle en UNPA hjälpa till "att göra de globala styrelseformerna mer demokratiska till sin karaktär, öka deras demokratiska ansvarsskyldighet och öppenhet och göra det möjligt att öka medborgarnas deltagande i FN:s verksamhet".[38] De valda företrädarna skulle involveras i internationella processer, skulle kunna utöva rådgivande

---

[37]   Jfr Heinrich, 2010, s. 36.
[38]   EP, 2018.

uppgifter, parlamentarisk kontroll och samordnande funktioner och skulle regelbundet rapportera om dessa aktiviteter till den globala allmänheten och deras väljare. Genom UNPA:ns ledamöter skulle FN med alla sina olika funktioner komma närmare befolkningen i medlemsländerna, få större acceptans och inspirera till förnyat intresse. En UNPA:s parlamentariker skulle kunna fånga upp medborgarnas frågor och idéer och föra in dem i FN:s verksamhet, till exempel genom ett framställningsutskott (som exempelvis finns i EP).

Främjande av demokrati

Genom att vara demokratiskt legitimerad av en stor del av världsbefolkningen och centralt förankrad i det globala systemet, förkroppsligar en UNPA påståendet att grundläggande medborgerliga friheter och demokratisk representation inte bara ska genomföras överallt på jorden utan också bortom nationalstatens gränser. Detta väcker en förväntan om att UNPA:ns delegater ska utveckla strategier för att stärka demokratin både i medlemsländerna och på internationell nivå. Utvidgningen av befintliga IPI:er, särskilt de regionala organisationernas parlamentariska organ, och demokratiseringen av internationella strukturer bör stå på dagordningen i detta sammanhang. Detsamma gäller för möjligheter att utveckla global demokrati utöver representation och att involvera människor mer direkt i FN:s och andra internationella organisationers arbete.[39]

En UNPA kommer dessutom att öka FN:s trovärdighet när det gäller att främja nationell demokratisering. Själva existensen av parlamentariskt samarbete över nationsgränser skulle öka trycket på att rättfärdiga odemokratisk praxis i medlemsländerna. Församlingen kan spela en aktiv roll i detta avseende, till exempel genom att övervaka den demokratiska utvecklingen i medlemsländerna och genom att stödja processer som gör samhällen mer demokratiskt organiserade, vilket även inkluderar möjligheten till valobservation.

Stärkande av de mänskliga rättigheterna

Trots att en UNPA sannolikt kommer att inkludera delegater från stater där situationen vad gäller mänskliga rättigheter är problematisk, kan organet förväntas spela en viktig roll i implementeringen av dessa rättigheter. Debatter om mänskliga rättigheter i plenum och på utskottsnivå kan öka den globala

---

[39] Ett kompletterande tillvägagångssätt är instrumentet för ett världsmedborgarinitiativ inom FN, se nedan s. 109.

allmänhetens uppmärksamhet på dessa frågor. En kontinuerlig övervakning av situationen för de mänskliga rättigheterna och det substantiella arbetet för att främja dessa bör organiseras genom ett permanent utskott för mänskliga rättigheter. Till skillnad från regeringsrepresentanterna i FN:s råd för mänskliga rättigheter, skulle de oberoende ledamöterna i församlingen behöva visa mindre hänsyn till sina regeringars politik och de mellanstatliga förbindelserna i deras hemländer. Därigenom skulle de kunna ta upp och kritisera kränkningar av de mänskliga rättigheterna mer öppet. När de NGO:er som är ackrediterade i FN:s råd för mänskliga rättigheter eller i andra FN-organ påpekar dessa kränkningar, löper de däremot alltid en risk att deras organisations rådgivande status vid FN kan komma att ifrågasättas.

Möjligheterna med UNPA:ns arbete till stöd för mänskliga rättigheter stärks ytterligare av det faktum att delegater från oppositionspartier och företräkare för minoriteter kommer att vara representerade i en UNPA och kunna göra sin egen röst hörd. I detta avseende kan församlingen också skapa publicitet genom att inkludera företrädare för ursprungsbefolkningar eller minoritetsgrupper i dess överläggningar - utan att de nödvändigtvis måste väljas som parlamentariker med rösträtt - till exempel genom kooptation. Dessutom skulle ett ständigt utskott för minoritetsfrågor också vara möjlig. Därutöver bör församlingen ha befogenhet att överlämna fall av allvarliga kränkningar av mänskliga rättigheter till säkerhetsrådet och att inrätta utredningskommittéer.

Som ett kompletterande organ till FN:s generalförsamling kan en UNPA också bidra till att stärka denna institution genom utövandet av sitt subsidiära ansvar för upprätthållandet av internationell fred och säkerhet. Om säkerhetsrådet inte vidtar åtgärder på grund av hotet om eller användandet av veto från en eller flera permanenta medlemmar har generalförsamlingen förbehållit sig rätten att själv göra det.[40] Om ett sådant beslut inte bara stöds av generalförsamlingen utan också av en UNPA, skulle det få en stark politisk legitimitet. På grundval av detta kan principen om skyldigheten att skydda (R2P) stärkas trots vetorätten i säkerhetsrådet.

Att stödja säkerhet, rättvisa, hållbarhet och god styrning

Att garantera mänskliga rättigheter och demokrati är inte möjligt utan att säkerställa att människor runt om i världen kan uppnå sina livsmål i en säker samt socialt och miljömässigt hållbar omgivning. FN:s historia illustrerar denna insikt. 1948 fastställde UDHR principen att politiska rättigheter som

---

[40]   UN, 1950 ("Uniting for Peace").

yttrandefrihet och åsiktsfrihet inte kan upprättas och skyddas utan tillräcklig uppmärksamhet på ekonomisk och social utveckling. 1972 fastställde Stockholmsdeklarationen principen att ansträngningarna för att främja ekonomisk och social utveckling runt om i världen måste vara ekologiskt hållbara.

Med en central position nära FN:s beslutscentrum och en brett baserad representativ roll, verkar en UNPA särskilt lämpad för att analysera pressande globala utmaningar och att främja en global diskussion. Det är också ett lämpligt sammanhang att fokusera på holistiska tillvägagångssätt i mänsklighetens intresse som tar hänsyn till de komplexa sambanden mellan globala problem. Enligt ILO:s världskommission för globaliseringens sociala dimension bör en global parlamentarisk grupp "intressera sig för att global ekonomisk, social och miljömässig politik hänger samman och är konsekvent." [41] En UNPA skulle kunna fylla denna funktion.

Debatten och samarbetet i en UNPA skulle vara kvalitativt annorlunda än de kapaciteter som hittills tillhandahålls av mellanstatliga organ och konferenser. Anledningen till denna skillnad är att delegater representerade i detta forum skulle vara fria att ta itu med svåra frågor och utveckla globala lösningar utan särskild hänsyn till nationella intressen och bilaterala mellanstatliga förbindelser. [42]

De globala mål för hållbar utveckling som har fastställts av FN i Agenda 2030 kan få utgöra utgångspunkter för ett substantiellt bidrag från en UNPA för att hantera vår tids komplexa problem och utmaningar. Utifrån den tanken har EP uppmanat till inrättandet av en UNPA "i synnerhet [för] att bidra till det framgångsrika genomförandet av FN:s Agenda 2030 och målen för hållbar utveckling."[43] En UNPA skulle kunna övervaka utvecklingen, genomförandet och samordningen av FN-programmen och kommunicera deras arbete till de nationella parlamenten och medborgarna. Under ledning av ett ständigt utskott för hållbar utveckling och Agenda 2030 skulle en UNPA kunna integreras i High-Level Political Forum (HLPF), som hjälper FN:s medlemsländer med att granska framstegen.

Det skulle också vara möjligt att inrätta utskott för att ta itu med internationella säkerhetsfrågor, särskilt orsakerna till, och kampen mot, internationell terrorism samt arbetet för nedrustning.

---

[41] ILO, 2004, s. xiv.

[42] Ett exempel är brott mot internationell rätt och mänskliga rättigheter vid krigföring med drönare, jfr Leinen & Bummel, 2018, s. 216f.

[43] EP, 2018.

Reformering av FN och det internationella systemet

När en UNPA väl upprättats skulle den kunna "förespråka och underlätta för en mer omfattande reform av de internationella institutionernas och den globala styrningens nuvarande system."[44] Detta skulle innebära ett fokus på den existentiella frågan om hur man skapar ett framtida system som på ett tillförlitligt sätt kan säkerställa välbefinnandet för alla som tillhör den mänskliga gemenskapen för generationer framöver. Hur kan de nuvarande ineffektiva institutionerna i det internationella systemet vidareutvecklas för att möjliggöra för planetens invånare och deras politiska representanter att reglera sina relationer på ett sätt som underlättar upprättandet av en demokratisk, fredlig, rättvis och ekologiskt hållbar världsordning?

Det finns många förslag och initiativ för en reformering av FN och konkurrerande intressen som det måste förhandlas mellan. Som en politisk representation av mänskligheten som helhet, utgör en UNPA ett självklart forum för sådana överläggningar. Likt inget annat organ kommer den att vara förutbestämd och legitimerad för uppgiften att granska världssystemets strukturer, föra upp alternativ för dess utveckling på den internationella agendan och främja en förändring. En UNPA kan bidra till att identifiera gemensamma systemiska och strukturella orsaker till globala problem och arbeta för att eliminera dem.

Genom att kontinuerligt främja en bred debatt på alla nivåer i världssamhället kan en UNPA bli en motor för global demokratisering, integration och förändring. FN-parlamentarikerna skulle kunna kombinera kunskap, kreativitet och engagemang från människor från hela världen för att skapa en effektiv och demokratisk global styrning.

---

[44] CUNPA, 2010, punkt 6.

2. Vägar till en UNPA

Inrättandet av en global parlamentarisk församling skulle kunna ske på olika sätt. Enligt vår bedömning finns det två huvudalternativ för närvarande: inrättandet som ett underorgan till generalförsamlingen enligt artikel 22 i FN-stadgan eller på grundval av ett nytt mellanstatligt fördrag. På lång sikt kan den inrättade församlingen omvandlas till ett direktvalt lagstiftande världsparlament som ett resultat av en konferens där FN-stadgan omprövas i enlighet med artikel 109 i FN-stadgan.[45]

Förutom dessa två vägar för att skapa en UNPA diskuterar vi i detta kapitel några andra tillvägagångssätt: 1) en omvandling av Interparlamentariska unionen (IPU), 2) ett organ organiserat av det civila samhället, 3) anslutning till ett fackorgan samt 4) inrättandet av ett parlamentariskt nätverk inom FN (UNPN) eller ett system av globala parlamentariska specialutskott som preliminära steg. Vi diskuterar även förslaget om en direktvald generalförsamling.

2.1. Ändring av FN-stadgan

Det mest långtgående alternativet för att inrätta ett världsparlament vid FN är att ändra FN-stadgan enligt formuleringarna i artiklarna 108 och 109. En framgångsrik stadgeändring kan leda till att parlamentet inrättas som ett nytt huvudorgan i FN med långtgående uppgifter och befogenheter. Det skulle vara av största vikt om parlamentet, i samspel med andra organ såsom generalförsamlingen som representerar medlemsländerna, bemyndigades att fatta bindande beslut enligt internationell lagstiftning. Detta alternativ påverkar oundvikligen FN:s institutionella struktur och förhållandet mellan dess organ och väcker därmed många grundläggande frågor. Dessutom är de politiska och internationella rättsliga hindren som måste övervinnas för att ändra FN-stadgan mycket höga.

På grundval av artikel 109:1 i FN-stadgan kan en generalkonferens för att ompröva stadgan sammankallas med två tredjedelars majoritet i generalförsamlingen och genom beslut av nio medlemmar i säkerhetsrådet. Enligt artikel 109:2 ska alla ändringar av stadgan som rekommenderas av konferensen

---

[45] Ibid., punkt 8.

med två tredjedelars majoritet träda i kraft så snart den har ratificerats av två tredjedelar av FN:s medlemmar, inklusive alla vetomakterna (P5). Alla ändringar av stadgan är således föremål för vetorätt från var och en av säkerhetsrådets permanenta medlemmar.

I artikel 109:3 föreskrivs att om en sådan konferens inte arrangerades förrän generalförsamlingens tionde årliga sammanträde efter att stadgan trätt i kraft, dvs. 1955, skulle en enkel majoritet i generalförsamlingen och bifall från sju medlemmar av säkerhetsrådet, oavsett vilka, vara tillräckligt för att göra det. Under den tionde generalförsamlingen 1955 behandlades denna fråga och en kommitté inrättades för att bestämma tid, plats och andra villkor för en översynskonferens. Detta har dock aldrig hänt. Från ett juridiskt perspektiv kan en översynskonferens sammankallas när som helst enligt bestämmelserna i artikel 109:3.

Artikel 109:3 återspeglar den historiska uppfattningen, formulerad i San Francisco där FN-stadgan antogs, att det internationella samfundet har beviljats rätten att utveckla strukturen för världsorganisationen, som domineras av andra världskrigets segermakter, och anpassa stadgan till förändrade förhållanden. Detta gäller idag mer än någonsin tidigare. Ansträngningar för att utveckla FN till en världsorganisation som är kapabel att möta vår tids krav kan därför hänvisa till och insistera på det ouppfyllda "San Francisco-löftet".[46]

Hindren för en sådan omvandling av FN är stora. Det är emellertid inte orealistiskt att sammankallandet av en översynskonferens enligt artikel 109:3 skulle inleda en omfattande reformdebatt. En sådan debatt skulle i sin tur kunna mobilisera tillräckligt politiskt tryck över hela världen för att säkerställa att inrättandet av en UNPA inom ramen för stadgeändringarna inte bara skulle godkännas av två tredjedelar av FN:s medlemsländer, utan i slutändan också av P5. Så snart det är möjligt att sammankalla en allmän översynskonferens eller en serie av sådana konferenser i enlighet med artikel 109 kommer möjligheten öppnas för att etablera betydande styrfunktioner på global nivå i enlighet med internationell rätt inom en hanterbar tidsram. Dessa nya funktioner skulle då behöva kopplas till demokratiskt deltagande och representation av världsbefolkningen.

När det gäller globala beslutsförfaranden och övergången till en demokratiskt legitim världslegislatur, förespråkar vi, i händelse av en grundläggande

---

[46] Se Sharei, 2018 liksom verksamheten i Center for UN Constitutional Research, CUNCR.

reform av FN-stadgan, införandet av ett tvåkammarsystem där både staterna och medborgarna i världen representeras i separata församlingar.[47]

I nuläget är det emellertid inte möjligt att förutse när och i vilken utsträckning den politiska vilja som krävs för en omstrukturering av FN kan mobiliseras. En översynskonferens bör hållas i en positiv global politisk miljö. Innan en sådan konferens sammankallas bör en bred majoritet av världens regeringar stödja att världsorganisationen och systemet för global styrning stärks och demokratiseras på grundval av ett försvar av mänskliga rättigheter och av ett gemensamt intresse att bevara de globala allmänningarna. Först då kan det säkerställas att reformprocessen som har startats kommer att ge tillfredsställande resultat och inte istället leda till en försvagning av multilateralism och FN. Fram till dess bör åtgärder eftersträvas som inte kräver stadgeändring och som är möjliga att genomföra även under svåra politiska förhållanden. Ett globalt parlamentariskt organ som inrättas som en förlöpare i detta avseende skulle kunna bidra till att bygga de politiska grunderna för en lovande översynskonferens.

2.2. Direktval av generalförsamlingen?

Enligt FN-stadgan är generalförsamlingen ett av FN:s huvudorgan som sammankallar representanter för alla FN:s medlemsländer. Främst under perioden efter FN:s inrättande föreslogs det att delegaterna, istället för att utses av regeringar, skulle kunna väljas direkt av medborgarna.[48] Efter att ha varit vilande i flera decennier har denna idé nyligen tagits upp.[49] Åtminstone delvis skulle det kunna genomföras utan en stadgeändring eftersom stadgan inte innehåller några bestämmelser om hur generalförsamlingens delegater ska väljas. Om de ville, kunde enskilda stater besluta att hålla allmänna val av sina FN-delegater. Sådana val skulle kunna förbättra medborgarnas engagemang i FN:s arbete.

Men på grundval av den nuvarande FN-stadgan skulle inte ens medborgarvalda FN-delegater vara verkliga representanter för folket, eftersom de fortfarande skulle behöva företräda regeringarna i FN:s medlemsländer och därmed vara bundna av deras instruktioner. En förändring av deras mandat skulle kräva en omfattande omdaning av FN och systemet för global styrning.

---

[47] Så gjorde även Vaclav Havel, 2000, vid millennietoppmötet. Se även nedan avsnitt 2.2. och s. 94f, 100 och 119.

[48] Till exempel av Einstein, 1960 liksom Clark & Sohn, 1966, jfr s. xxi.

[49] Lopez-Claros et al., 2020, kap. 4.

Dessutom inbegriper idén om en helt medborgarvald generalförsamling även det långsiktiga målet att demokratisera alla dess medlemsländer.

Om detta ses som ett *alternativ* till en UNPA, pekar det mot ett globalt enkammarsystem. Då inställer sig frågan om ett sådant organ är tänkt att representera enskilda staters intressen eller den globala befolkningen som helhet. Att representera båda samtidigt är omöjligt. Ett globalt tvåkammarsystem som inkluderar ett parlamentariskt organ skulle å andra sidan möjliggöra representation av både stater och medborgare och därigenom dra nytta av viktiga erfarenheter av befintliga federala system. Inte minst bör de två kamrarna ha förmågan att kontrollera och balansera varandra. Därför anser vi att två kammare är oumbärligt.[50]

Förslaget om en direktvald generalförsamling kan emellertid också drivas *som ett komplement till* att inrätta en UNPA och alltså inom ramen för ett tvåkammarsystem. Befintliga federala politiska system har olika modeller för att utse företrädare för delstaternas intresse. Medan delstatsregeringarnas ministrar tar på sig denna roll i Tyskland, utses representanter av de provinsiella parlamenten i Indien och Sydafrika och väljs direkt i Schweiz och USA.[51]

Även om generalförsamlingen må vara ett av de viktigaste huvudorganen bland FN:s kärnorganisationer, måste det ändå beaktas att dess nuvarande inflytande är begränsat och att det bara är ett av flera mellanstatliga organ inom och utanför FN-systemet som består av olika representanter som inte alla kan vara direktvalda. Med detta i åtanke bör frågan om potentiella direktval ses i ett långsiktigt perspektiv, nämligen sammanhanget av en omfattande reform som syftar till att effektivisera, integrera och förbättra de befintliga strukturernas institutionella samstämmighet.

Slutligen verkar den förväntade politiska nyttan av förslaget om en direktvald generalförsamling vara ganska blygsam jämfört med den ansträngning som krävs. Eftersom delegaterna i generalförsamlingen skulle fortsätta att representera medlemsländernas intressen, skulle direktval knappast förbättra medborgarnas representation jämfört med att inrätta ett verkligt parlamentariskt organ. Enligt vår uppfattning kommer ansträngningar att demokratisera internationella relationer baserat på denna strategi endast spela en marginell roll för närvarande. Att för första gången i historien inrätta ett parlamentariskt organ för världsbefolkningen i form av en UNPA skulle utgöra en

---

[50] I detta avseende följer vi Habermas, 1995, s. 308; Havel, 2000; och Höffe, 2002; jfr Leinen & Bummel, 2018, s. 381. Se även nedan s. 94f, 100 och 119.

[51] Under de första 125 åren valdes senatorerna i amerikanska senaten av delstatsförsamlingar. Direktval infördes 1911, genom den 17:e grundlagsändringen.

mycket bättre grund för demokratiseringen av internationella beslutsprocesser och strukturer.

2.3. Omvandling av den Interparlamentariska unionen?

En möjlighet som har diskuterats för att inrätta en UNPA är en omvandling av den Interparlamentariska unionen (IPU) som har funnits sedan 1889.[52] Enligt artikel 1 i stadgarna ser IPU sig som "den internationella organisationen för suveräna staters parlament". Den har för närvarande 179 fullvärdiga medlemmar medan 12 associerade internationella parlamentariska organisationer och cirka 70 organisationer har observatörsstatus. Det är anmärkningsvärt att USA drog sig ur IPU i slutet av 1990-talet.

Enligt sina stadgar eftersträvar IPU främst följande mål: att förbättra erfarenhetsutbytet och samordningen mellan parlament och parlamentariker, att diskutera internationella frågor för att inleda parlamentarisk verksamhet i detta avseende, att främja skyddet av mänskliga rättigheter och att vidareutveckla parlamentariska institutioner.

Parlamenten beslutar själva om urvalsprocessen för att bemanna sina delegationer som skickas till IPU:s församlingar två gånger om året. En specifik mandatperiod är inget krav. Därför kan delegater utses på ad hoc-sätt, och företrädarna för ett land som deltar i församlingens möten varierar ofta. Sedan 1990-talet har ett allt tätare samarbete mellan IPU och FN utvecklats, vilket återspeglas i olika samarbetsavtal med världsorganisationen och många av dess fackorgan.[53] Vid millennietoppmötet år 2000 erkändes IPU som den organisation som ska ha hand om FN:s parlamentariska dimension.[54] År 2002 beviljades IPU permanent observatörsstatus vid FN:s generalförsamling och har sedan dess kunnat sprida sina officiella dokument där samt organisera möten och evenemang i FN. Med ett nytt samarbetsavtal under 2016 har IPU fått ytterligare möjligheter att delta i arbetet i FN:s huvudutskott, generalförsamlingens underorgan och i FN-konferenser. Sådana möjligheter ska emellertid fastställas från fall till fall.

---

[52] Angående denna fråga, liksom den komplementära relationen mellan IPU och en UNPA, se Bummel, 2019. Angående IPU:s roll i debatten om internationell reform och en UNPA som har pågått sedan 1990-talet, se Leinen & Bummel, 2018, kap. 7-9. Jfr även diskussionen i Winter, 2005; Kissling, 2006 liksom Cabrera, 2018.

[53] Jfr Bummel, 2019, s. 5f för det som följer.

[54] Jfr UN, 2000, § 30, punkt 10.

IPU:s specifika organisationsstruktur, dess breda medlemsbas och dess etablerade samarbete med FN verkar vara en stabil grund för en vidareutveckling mot en UNPA, något som har upprepats flera gånger.[55] Ett sådant steg skulle kunna tas i samband med en motsvarande ändring av IPU-stadgarna genom ett beslut av generalförsamlingen enligt artikel 22 i FN-stadgan. Som en följd av det skulle IPU bli ett underorgan till generalförsamlingen.

Ett annat alternativ skulle vara en ännu närmare anslutning till FN genom ett förnyat samarbetsavtal som ger IPU mer specifika och utvidgade rättigheter när det gäller dess funktion som UNPA. Detta tillvägagångssätt skulle bevara IPU:s organisatoriska och ekonomiska autonomi, men precis som det tidigare nämnda alternativet skulle det kräva en översyn av IPU-stadgarna samt en översyn av organisationens identitet.

Processen att välja delegater skulle då behöva ändras i grunden. De skulle behöva utses individuellt av parlamenten eller av de parlamentariska grupperna enligt ett allmänt förfarande och under en fast mandatperiod. I stället för de ungefär lika stora nationella IPU-delegationerna[56] och ett skalenligt omröstningssystem[57] skulle ett graderat system för fördelning av platser balansera vikten mellan stora och små stater. Dessutom skulle representation i princip inte längre baseras på en nationell och geopolitisk gruppering av delegater, utan på deras transnationella organisering enligt gemensamma ideologiska och politiska åsikter.

Hittills har en majoritet av IPU:s medlemmar avvisat idén att utveckla organisationen mot ett globalt parlamentariskt organ, en möjlighet som vi initialt förespråkade. Dessutom är IPU:s historiska roll i ansträngningarna för ett världsparlament ambivalent.[58] Den dåvarande presidenten och talmannen för den tyska förbundsdagen, Norbert Lammert, förklarade 2010 vid IPU:s tredje världskonferens för parlamentstalmän att IPU är "varken ett världsparlament eller en underorganisation inom FN" och att den inte heller bör bli

---

[55]   Socialist International, 2003, sektion IV, nr. 1; Liberal International, 2005, betraktade omformandet av IPU till en UNPA som ett potentiellt alternativ till vägen via artikel 22 i FN-stadgan: Liberal International, 2005; jfr Bummel, 2019, s. 12f; se även Deutscher Bundestag, 2005.

[56]   Enligt artikel 10(2) i IPU:s stadgar finns bara en differentiering av representationen i IPU-församlingen: åtta delegater för stater med färre än 100 miljoner invånare och tio för de länder med fler än 100 miljoner invånare.

[57]   Röster tilldelas medlemslandets parlament, inte individuella delegater, men delegationer får dela på de tilldelade rösterna. Rösternas glidande skala stipuleras i artikel 15(2) i IPU:s stadgar. Varje parlament får minst tio röster vilka ökas upp till 13 ytterligare röster beroende på antalet invånare i den aktuella staten

[58]   Bummel, 2019, s. 12-14; jfr även Leinen & Bummel, 2018, s. 97-114, 328f.

det.[59] Denna uppfattning blev dominerande. IPU har dessutom motsatt sig EP:s uppmaning till en parlamentarisk församling vid WTO samt rekommendationen från Cardoso-panelen 2004 att inrätta globala parlamentariska kommittéer under FN:s regi.[60]

Medan IPU har stått i vägen för alla kompletterande ansträngningar hittills, har den endast utvecklat den parlamentariska dimension inom FN som den - mer eller mindre exklusivt - gör anspråk på inom ett snävt begränsat område baserat på dess mandat och struktur som en paraplyorganisation för nationella parlament. Enligt IPU:s egen uppfattning bör en parlamentarisk dimension inom FN inte primärt förverkligas på global nivå utan endast på de nationella parlamentens nivå.[61] IPU:s huvudsakliga uppgift är att stärka de nationella parlamentens hantering av internationella frågor, inte att utföra parlamentariska funktioner på den globala nivån i sig. Det är därför inte förvånande att IPU varken utövar tillsyn över FN:s institutioner eller har försökt göra det, oavsett alla samarbetsavtal.

IPU:s rudimentära närvaro som en global aktör beror också på hur dess delegater är representerade: nämligen främst som delegater från nationella parlament utvalda *ad hoc* och inte för att tjänstgöra en ordinarie mandatperiod med vissa gängse funktioner. Å ena sidan är organisationens band till befolkningen alltså svag och följaktligen kan IPU knappast uppfattas som folkets representation vid FN. Av dessa skäl kan allmänhetens uppmärksamhet på IPU:s arbete förväntas förbli låg i framtiden. Å andra sidan undergräver detta också möjligheterna att strukturellt koppla IPU till de nuvarande systemen för global styrning. Upprättandet av en permanent arbetsrelation med andra globala institutioner verkar svår att åstadkomma givet den ständiga omdirigeringen av parlamentarisk hantering av internationella frågor till nivån för enskilda nationella parlament.[62]

Kompletterande förhållande till en UNPA

IPU:s fundamentalt annorlunda roll jämfört med en UNPA har varit föremål för diskussion. Enligt CUNPA tillför IPU en "parlamentarisk dimension till internationellt samarbete" och stärker de nationella parlamenten i utövandet

---

[59]   Citerad i ibid., s. 120.

[60]   Ibid., s. 97f och s. 108-110.

[61]   Bummel, 2019, s. 7.

[62]   I en jämförbar studie av fler än 22 IPI:er menar Andrea Cofelice att IPU "som enskild institution i nuläget inte är sammanlänkad med något globalt styrsystem, vilket omedelbart förhindrar dess kapacitet att utveckla funktioner för internationell styrning och ansvarsutkrävande". Cofelice, 2019, s. 184.

av deras tillsynsfunktion över nationella regeringar i internationella frågor. Omvänt är det karakteristiskt för en UNPA att den "direkt och i egen rätt" skulle "utöva parlamentariska funktioner på internationell nivå". En UNPA skulle således vara på samma nivå som andra internationella organ och FN-systemet. Medan IPU:s roll är att "underlätta de nationella parlamentens arbete", skulle en UNPA däremot bestå av "enskilda parlamentariker med uppdrag att tjänstgöra utifrån ett globalt perspektiv."[63]

En titt på befintliga organ på regional nivå visar att de två institutionerna inte behöver vara ömsesidigt uteslutande, utan snarare kan komplettera varandra på ett konstruktivt sätt.[64] I Afrika finns till exempel Afrikanska parlamentariska unionen - en organisation som liknar IPU - såväl som det Panafrikanska parlamentet, inom ramen för Afrikanska unionen (AU), som en internationell organisation. Medan den förstnämnda fungerar som ett forum för nationella parlament och består av deras företrädare, fungerar den senare som ett rådgivande parlamentariskt organ inom AU som eftersträvar överstatliga lagstiftande befogenheter. Motsvarigheter finns också i EU: Å ena sidan existerar EP som en direktvald representation för EU:s befolkning sedan 1979. Å andra sidan är de nationella parlamentens utskott och nämnder för europeiska frågor (såsom riksdagens EU-nämnd) representerade i konferensen för parlamentens EU-organ (COSAC).[65]

På samma sätt skulle en UNPA och IPU, med sina respektive specifika inriktningar, kunna utföra kompletterande funktioner gentemot FN och andra institutioner för global styrning. Medan den förstnämnda skulle möjliggöra parlamentarisk övervakning och demokratiskt deltagande direkt på internationell nivå, kan den senare fortsätta att säkerställa att de nationella parlamenten deltar i internationella frågor. Förslaget om en kompletterande relation mellan IPU och UNPA stöds av olika institutioner. 2011 uttryckte Europeiska

---

[63] CUNPA, 2008.

[64] Jfr Bummel, 2019, s. 10f.

[65] Conférence des Organes Specialisées sur les Affaire Communautaires (COSAC) bildades i maj 1989 efter införandet av direktval i Europa för att stärka kopplingen mellan EU och medlemsstaternas parlamentariker. Dessförinnan hade europaparlamentariker utsetts av nationella parlament och kunde således själva stå för kopplingen mellan de två nivåerna. Genom COSAC kunde de nationella parlamentens roll i EU:s gemensamma angelägenheter återigen bli stark.

parlamentet åsikten "att en UNPA skulle komplettera befintliga organ, inklusive den Interparlamentariska unionen".[66] Enligt PAP motsäger inrättandet av en UNPA inte IPU:s befintliga arbete.[67]

En UNPA bör ges särskilda parlamentariska funktioner och befogenheter i relation till institutionerna för global styrning. Det är fröet till ett världsparlament som åtminstone delvis bör växa fram från direktval och företräda mänskligheten som helhet i ett långsiktigt perspektiv. De nationella parlamentens deltagande kommer dock att förbli viktigt i ett framtida system. En UNPA bör därför adderas som ytterligare en institution medan IPU upprätthålls som paraplyorganisationen för de nationella parlamenten.[68]

Slutsats

Mot bakgrund av dessa överväganden anser vi inte att det vore lämpligt att omvandla IPU till en UNPA. En UNPA bör inrättas på ett annat sätt och existera parallellt med IPU. Båda institutionerna bör gemensamt fungera som transnationella knutpunkter för det parlamentariska arbetet. Därför anser vi det önskvärt att stärka samarbetet mellan alla de krafter, inklusive IPU och dess medlemmar, som strävar mot förbättrat parlamentariskt inflytande på globala transnationella politiska processer.[69]

2.4. Civilsamhällets transnationella självorganisering

En del förespråkare av global demokrati har större tilltro till att civilsamhället tar saken i egna händer än att de befintliga strukturerna i världssystemet förändras om det så är genom reform av FN-stadgan eller genom internationella avtal. Tanken är att krafter inom det globala civilsamhället gör gemensam sak och kräver rätt till deltagande på global nivå och därmed ökar allmänhetens påtryckning för ansvarsfull global politik.

Enligt detta tillvägagångssätt kan prominenta personligheter från hela världen lansera ett upprop för att sätta igång denna process.[70] När en kritisk massa av NGO:er svarar positivt på ett sådant initiativ skulle internationella

---

[66] EP, 2011; PACE, 2006 och Commission on Global Security, Justice & Governance, 2015, s. 86.

[67] PAP, 2007, punkt 16.

[68] Samma rekommendation finns hos Bummel, 2019.

[69] PACE, 2006 poängterar den roll IPU kan spela i samarbete med FN för att upprätta en UNPA. På liknande sätt uttryckte CUNPA-mötet i Bryssel 2008 att "UNPA-kampanjen stöder IPU:s arbete och uppskattar alla aktiva bidrag till upprättandet av en UNPA från IPU:s sida och från IPU:s medlemmar" (CUNPA, 2008).

[70] Jfr Monbiot, 2004, liksom Falk & Strauss, 2011.

beslutsförsamlingar sammankallas för att upprätta ett permanent forum för det civila samhället, eller ett slags provisoriskt självutnämnt världsparlament med delegater som väljs genom självorganiserade inofficiella val. Med tiden kan denna transnationella församling få ökad representativitet, geografisk räckvidd och politisk vikt.

Denna strategi är tilltalande eftersom den undviker de stora politiska hinder som måste övervinnas för att reformera den nuvarande världsordningen: Den globala strukturen är baserad på nationalstater och försvaras av befintliga nationella statsapparater. Dessutom stöds den rådande ordningen av mäktiga intressegrupper, till exempel multinationella företag, som ofta står nationella regeringar nära och kan påverka dem för sina egna syften.

Ett sådant självutnämnt organs oberoende från världens etablerade maktstrukturer kräver emellertid mer reflektion, och hittills har denna strategi fått relativt lite stöd. Oberoendet innebär en bristande politisk, juridisk och institutionell koppling till beslutsfattande på nationell och internationell nivå. Det aktualiserar frågan om hur stort inflytande beslut och diskussioner från ett symboliskt världsparlament i det civila samhället skulle ha utöver att kunna utöva moraliskt och politiskt tryck. Även om ett sådant forum kan vara en pionjär och inkubator för ett äkta och effektivt världsparlament som faktiskt deltar i beslut, kan det inte helt ersätta det.

Exemplet med World Social Forum väcker frågan huruvida det globala civila samhället, både konceptuellt och i termer av nödvändiga resurser, kan organisera ett symboliskt världsparlament på egen hand under en längre tidsperiod. World Social Forum var en motvikt till World Economic Forums årliga möte i Davos. Inledningsvis fick det en hel del uppmärksamhet och som ett öppet forum kunde det samla det civila samhällets styrkor. Nu verkar det dock ha tappat allt inflytande.[71]

Ett världsforum för civilsamhället

Det finns flera beröringspunkter mellan å ena sidan parlamentarisk representation på grundval av allmän rösträtt och å andra sidan medverkan från det civila samhället. Samtidigt utgör dessa distinkt skilda sätt att möjliggöra opinionsbildning och omvandla den till social handling. Det är interaktionen mellan dessa som stärker och håller liv i politiska beslutsprocessers demokratiska karaktär. De två dimensionerna bör inte sammanblandas, utan snarare förankras separat och kopplas till varandra för att uppnå sina gemensamma mål.

---

[71] Jfr Savio, 2019 och bidragen på greattransition.org/gti-forum/farewell-to-the-wsf.

För att öka civilsamhällets deltagande i FN rekommenderar vi att inrättandet av ett globalt forum för civilsamhället inom FN övervägs, utöver en UNPA. Denna fråga skulle exempelvis kunna drivas av konferensen av NGO:er ackrediterade till ECOSOC[72] och NGO Major Group[73]. NGO-forumet bör vara strukturerat på ett sådant sätt att det kan representera väsentliga intressen och perspektiv hos aktörer i det civila samhället på ett så inkluderande och rättvist sätt som möjligt.

Att sammankalla en formell NGO-församling under FN-regi har föreslagits flera gånger. 1994 föreslog till exempel Kommissionen för global styrning ett forum för civilsamhället, bestående av NGO:er som är ackrediterade till FN, och som borde sammanträda årligen i anslutning till öppnandet av FN:s generalförsamling.[74] En annan möjlighet är den ovan nämnda strategin för ett forum som organiseras av det globala civilsamhället självt, vilket skulle kunna införlivas i FN så snart tillräcklig acceptans och representativitet har uppnåtts.

Andra kompletterande initiativ

DWB stöder initiativ som syftar till att stärka och organisera engagemanget för global demokrati och rikta detta till politiska beslutsfattare. Ett sätt att visa engagemang för global demokrati är offentliga aktiviteter som kan få effekt genom global samordning.[75] Ett annat exempel är simulerade sessioner i en UNPA eller ett världsparlament, något som redan har genomförts i flera länder,[76] baserat på det framgångsrika och populära konceptet med FN-rollspel. Dessutom har FN-förhandlingar om en UNPA:s stadgar simulerats.[77] Konstprojekt kan också bidra till allmänhetens uppmärksamhet.[78]

---

[72] Conference of Non-Governmental Organizations in Consultative Relationship with the United Nations, CoNGO (ngocongo.org).

[73] NGO Major Group är en sammanslutning av civilsamhällesorganisationer som övervakar implementeringen av Agenda 2030 (ngomg.org).

[74] Commission on Global Governance, 1995, s. 258-260.

[75] Till exempel den årliga globala aktionsveckan för ett världsparlament som äger rum vid FN-dagen den 24 oktober. Under denna vecka arrangeras offentliga evenemang och aktioner i ett flertal länder i regi av DWB och andra organisationer. Se DWB, 2019; www.worldparliamentnow.org.

[76] Som till exempel Model Global Parliament i Österrike som har arrangerats regelbundet sedan 2012, UNPA-rollspelet i Argentina eller världsparlamentexperimentet som ägde rum i Norge 2007 och i Tyskland 2008.

[77] Genomfördes i Halle, Tyskland under 2016.

[78] Till exempel generalförsamlingen som organiserades av Milo Rau i Berlin under 2017 (www.general-assembly.net).

Slutligen spelar ledamöter av de nationella parlamenten och IPI:er en viktig roll när det gäller att skapa ny drivkraft till både politik och samhälle. Deras engagemang för den globala demokratin kan koppla det civila samhället till regeringar och internationella institutioner. De kan hjälpa till att utforma inte bara politik, utan också de nationella och globala styrstrukturer som stöder och kanaliserar den.[79]

En global onlineplattform

En global onlineplattform som används brett och är accepterad kan visa sig vara ett värdefullt verktyg för att skapa synergi mellan insatser och förbättra deras politiska effektivitet. Dessutom kan det politiska arbetet som utförs i detta sammanhang i sig vara ett steg mot globalt medborgardeltagande och global demokratisering.

En sådan internetplattform bör tillhandahålla bästa möjliga förutsättningar för människor och NGO:er från olika länder att nätverka, samordna internationella frågor, välja representanter, formulera gemensamma politiska krav och främja deras offentliga diskussion. Detta kräver allmänt accepterade, säkra och öppna förfaranden baserade på säker personlig identifiering.[80]

Enligt vår uppfattning skulle en sådan virtuell plattform kunna ge ett viktigt bidrag till den globala mobiliseringen, men den kan inte ersätta målet med en UNPA upprättad och erkänd av regeringar. En onlineplattform som har omfattande stöd och får tillräcklig allmän uppmärksamhet skulle kunna hjälpa till att förbereda och främja införandet av en UNPA. De människor och organisationer som samarbetar därigenom kan bidra betydligt till att öka allmänhetens medvetenhet om nödvändigheten av demokratisering och parlamentarisering av världspolitiken, samt öka det politiska trycket till stöd för dess genomförande.

2.5. Anslutning till ett fackorgan

I princip kan en UNPA inrättas i anslutning till olika fackorgan och institutioner inom och utanför FN-systemet, men en mer detaljerad granskning

---

[79]   Se till exempel Šabič, 2008 s. 264-66; se även Kissling, 2011. Organisationer som Parliamentarians for Global Action (PGA) eller Parliamentarians for Nuclear Non-Proliferation and Disarmament (PNND) utgör framgångsrika initiativ av detta slag.

[80]   Ett projekt för att ta fram en sådan lösning har initierats av World Parliament Experiment tillsammans med DWB. Den globala omröstningsplattform som håller på att utvecklas baseras på individuell registrering som världsmedborgare och ska kunna möjliggöra globala debatter, omröstningar och val. Se www.democracywithoutborders.org/gvp/, för en mer utförlig beskrivning, se Tenbergen, 2018.

måste göras för att förstå vilka utvecklingsmöjligheter som kan förväntas vid de olika fallen.

Några av de viktigaste institutionerna på internationell nivå saknar idag ett parlamentariskt organ och förslag har lagts fram för att ändra detta, till exempel för WTO[81] och FN:s ramkonvention om klimatförändringar (UN-FCCC).[82]

Detta aktualiserar frågan om en sådan specialiserad parlamentarisk församling kan fungera som kärnan i en framtida UNPA med global räckvidd. Särskilt om den var knuten till en institution vars beslut kan ha en stor inverkan på människors vardag, som till exempel WTO, IMF, Världsbanken eller UNFCCC, är det tänkbart att tillräcklig uppmärksamhet från världens allmänhet kan genereras för att församlingens utveckling ska hamna på dagordningen.

Om projektet är framgångsrikt kommer det emellertid troligtvis inte vara lätt att visa senare varför ett organ som fungerar och arbetar med full kapacitet inom sitt tilldelade område i framtiden borde arbeta med ett mycket bredare ansvar. Det politiska målet att tillhandahålla en högre nivå av parlamentariskt samarbete som kan föra samman, samordna och integrera alla parlamentariska funktioner verkar vara mer motiverat. Detta är i linje med målet att skapa ett gemensamt parlamentariskt paraply för internationellt samarbete som motverkar fragmenteringen av IPI:ers arbete och det internationella systemet. En UNPA skulle därmed bättre kunna hantera de komplexa interaktionerna mellan de olika områdena och hjälpa till att överbrygga stuprörsstrukturer i FN-systemet.

I detta sammanhang finns ett lärorikt exempel i EP som från början fungerade som en gemensam församling för tre organisationer med namnet Europeiska gemenskaperna (EG), till skillnad från att inrätta tre olika parlamentariska organ. Dessutom är det helt enkelt inte praktiskt möjligt att inrätta separata organ för alla de stora FN-institutionerna.

Därför bör en UNPA redan från början förankras i det internationella systemet på ett sådant sätt att den har största möjliga räckvidd och en bred tematisk omfattning. En praktisk länk till de olika institutionerna för global styrning kan uppnås genom utskottens arbete. En sådan struktur kan realiseras inom ramen för FN-stadgan.

---

[81] Jfr EP, 2008.
[82] Bummel et al., 2010.

2.6. Inrättande som ett underorgan enligt artikel 22 i FN-stadgan

Ett relativt enkelt sätt att inrätta en UNPA baseras på en bestämmelse i FN-stadgan. Enligt artikel 22 får generalförsamlingen "inrätta sådana biträdande organ, som den anser nödvändiga för fullgörande av sina uppgifter." Ett stort antal institutioner och program, såsom FN:s barnfond (UNICEF), FN:s utvecklingsprogram (UNDP), FN:s konferens om handel och utveckling (UNCTAD), FN:s flyktingkommissariat (UNHCR) och FN:s miljöprogram (UNEP) har inrättats eller integrerats som en del av FN-systemet med hjälp av denna mekanism.

En avgörande fördel med detta förfarande är att det initialt undviker den svåra processen att ändra FN-stadgan och kan samtidigt tjäna som grund för en senare utveckling av UNPA till ett huvudorgan. Ett beslut i generalförsamlingen skulle vara tillräckligt. Hänvisning till säkerhetsrådet och dess godkännande krävs inte, och det finns ingen vetorätt för enskilda stater. UNPA:ns stadgar kan sedan träda i kraft omedelbart. Det skulle inte vara nödvändigt att vänta på att länder ratificerar en UNPA som inrättats enligt artikel 22, medan detta kan förväntas för en UNPA som inrättas genom ett internationellt avtal.

Generalförsamlingens befogenheter som ramverk

Enligt artikel 22 kan en UNPA emellertid varken upprättas som en oberoende institution enligt internationell rätt eller som ett nytt huvudorgan i FN. Dess status som ett underorgan till FN:s generalförsamling skulle innebära att det inte kan ges mer befogenhet än generalförsamlingen själv. Enligt artiklarna 9–22 i FN-stadgan är dess befogenheter emellertid breda. Generalförsamlingen kan hantera alla politiska frågor som omfattas av FN-stadgan, förutsatt att de inte redan behandlas av säkerhetsrådet (artikel 12.1). Det breda utbudet av frågor behandlas i sex huvudutskott: nedrustning och internationell säkerhet; ekonomiska och finansiella frågor; sociala, humanitära och kulturella frågor; särskilda politiska frågor och avkolonisering; administrativa och budgetfrågor; och juridiska frågor.

Även om generalförsamlingens beslut inte är bindande för FN:s medlemsstater enligt internationell rätt, har de politisk vikt eftersom de uttrycker brett erkända ståndpunkter bland staterna. Generalförsamlingens arbete är dock inte bara viktigt för specifika politiska situationer. Arbete i form av plenarsammanträden och genom anslutna institutioner och program har skapat en ram som spelar en avgörande roll för att fastställa internationella rättsliga normer och utarbeta mellanstatliga fördrag, inklusive avtal såsom ramkonventionen om klimatförändring som antogs i Rio de Janeiro 1992.

Stora åtaganden för generalförsamlingen inkluderar granskning och godkännande av FN:s budget och fastställande av bidragskvoter från medlemsländerna. Organet är också involverat i viktiga val - det utser FN:s generalsekreterare på rekommendation från FN:s säkerhetsråd och väljer de icke-permanenta medlemmarna i säkerhetsrådet och andra huvudorgan inom FN.

Den viktigaste länken mellan generalförsamlingen och många specialiserade enheter och program i FN-systemet är Ekonomiska och sociala rådet (ECOSOC), ett annat huvudorgan i världsorganisationen. ECOSOC har ett brett spektrum av handlingsmöjligheter och har utvecklats till en plattform inom FN där diskussion kan föras om strategier för hållbar politik, i hela mänsklighetens intresse. Det internationella civila samhället är också involverat i denna process. För närvarande har cirka 3 200 NGO:er rådgivande status till ECOSOC, vilket gör att de kan samarbeta med FN.

När det gäller en UNPA skulle ECOSOC utgöra en central referenspunkt i världsorganisationen. En anslutning till ECOSOC i stället för generalförsamlingen verkar emellertid inte tillrådlig. Utöver tematiska begränsningar bör man ta hänsyn till det större avståndet till generalförsamlingens betydelsefulla beslutsnivå, som rådet är underordnad enligt artikel 62 i FN-stadgan. Inrättandet som ett underorgan till generalförsamlingen enligt artikel 22 banar väg för en mycket starkare och mer synlig ställning. Inom denna ram kan UNPA:n dessutom också hantera frågor som inte står på ECOSOC:s dagordning.

Krav och möjligheter

Med status som ett underorgan till generalförsamlingen skulle en parlamentarisk församling omfattas av bestämmelserna i FN-stadgan, som ger riktlinjer för dess struktur och funktioner. Med tanke på principen om ett universellt medlemskap för "alla [...] fredsälskande stater" (artikel 4), som är grundläggande för världsorganisationen, kan det också antas att delegater från alla FN:s medlemsländer skulle tillåtas att vara representerade i en UNPA. Liksom när det gäller rådet för mänskliga rättigheter kan vissa minimikriterier dock specificeras.

En annan grundläggande bestämmelse, som en UNPA inrättad som ett underorgan också skulle vara bunden till, återfinns i FN-stadgan, artikel 2.7. Enligt denna har FN inte behörighet att ingripa i "frågor som väsentligen faller inom vederbörande stats egen behörighet". Ytterligare ett förbehåll reser sig utifrån artikel 12, enligt vilken en UNPA inte kan lämna rekommendationer om situationer som säkerhetsrådet behandlar med mindre än att rådet har begärt församlingen att göra det.

Utöver sådana krav skulle tillämpligheten av FN-stadgan också innebära en förstärkning av UNPA:ns befogenhet, som då alltså direkt skulle knytas till FN-stadgans förord. Valda företrädare från hela världen skulle ombes att bidra till befrielsen av mänskligheten från "krigets gissel", respektera de grundläggande mänskliga rättigheterna och människans värdighet, att upprätthålla rättvisa och rättsstatsprincipen och "främja sociala framsteg och bättre levnadsvillkor under större frihet".[83]

Inrättandet av en parlamentarisk församling som ett underorgan till generalförsamlingen öppnar upp ett antal möjligheter som enligt vår uppfattning motiverar att denna väg prioriteras framför andra möjliga alternativ. Först och främst är det viktigt att statusen som ett underorgan inom FN, till skillnad från vad termen kan antyda, möjliggör en hög grad av självständighet. Detta framgår av ovannämnda underorgan till generalförsamlingen som har en tydligt oberoende profil, hanterar ett brett spektrum av uppgifter och till stor del är autonoma när de fullgör sina funktioner. En UNPA skulle också kunna ta på sig många uppgifter som går utöver rådgivning och understödjande funktioner. Av allt att döma garanterar denna rättsliga status den nivå av oberoende som krävs för parlamentariskt arbete.

En UNPA som inrättas enligt artikel 22 skulle kunna stödja och komplettera generalförsamlingen vid fullgörandet av sina uppgifter på många sätt samtidigt som man fastställer och fullföljer egna substantiella åtaganden genom parlamentariska överläggningar och utskottens arbete. I likhet med andra IPI:ers funktioner kan en UNPA utöva övergripande politiska tillsynsfunktioner över FN-systemet. Organet skulle också kunna bidra till en bättre samordning av världsorganisationens arbete inklusive dess olika organ och program och dessutom att nätverka med nationella parlament, organisationer i civilsamhället och slutligen med världsbefolkningen.

Genom sin centrala placering i FN:s organisationsstruktur skulle församlingen ges förutsättning att fungera som ett nytt viktigt nav för global styrning. På så sätt etableras möjligheten till kontinuerligt substantiellt arbete inom alla relevanta globala problemområden. Generalförsamlingens årliga sammanträden utgör också en bra ram för den fortsatta utvecklingen av en UNPA. Fram till en viss punkt kan nya befogenheter och uppgifter överföras

---

[83] Citat från FN-stadgans förord.

genom beslut från generalförsamlingen inom ramen för UNPA:ns stadgar eller genom att ändra dem. Majoritetskraven för detta bör dock inte vara för stränga.

Det finns också långtgående utvecklingsmöjligheter bortom FN-systemet. Till exempel skulle det vara möjligt att utvidga UNPA:ns parlamentariska rådgivande funktioner till de ekonomiska och finansiella institutionerna, såsom Världsbanken, IMF och WTO, genom att ingå tillbörliga samarbetsavtal. Redan innan detta skulle en UNPA kunna inrätta specialiserade utskott som hanterar globala finansiella frågor och handelsfrågor. Genom en grundläggande reform av FN i samband med en stadgeändring, som nämnts tidigare i detta kapitel, skulle församlingen så småningom kunna få status som huvudorgan inom FN. Som världsbefolkningens representant skulle detta parlamentariska organ då kunna samverka med generalförsamlingen, medlemsstaternas representant, i beslutsprocesser som hanterar globala utmaningar.

Generalförsamlingens mandat

Det föreslagna tillvägagångssättet för att inrätta en UNPA enligt artikel 22 som ett underorgan är baserat på antagandet att det vid en viss tidpunkt kommer att vara möjligt att förlita sig på stöd från en majoritet av FN:s medlemsländer. Liksom i fallet med ICC, som inrättades genom ett internationellt fördrag, skulle detta kräva en internationell diskussions- och samarbetsprocess som involverar FN och dess medlemsländer, FN:s kommission för internationell rätt och andra experter samt det civila samhället.

Ett beslut i generalförsamlingen kommer att vara nödvändigt för att ge mandat till förhandlingar om stadgar för en UNPA i FN:s regi. Baserat på generalförsamlingens mandat kan förslag till stadgar utarbetas inom ramen för en mellanstatlig förhandlingsprocess, och bör endast läggas fram i en slutgiltig förhandlingsrunda om det går att identifiera en tillräcklig majoritet avseende de viktigaste beståndsdelarna.

Majoritetskravet

Vi antar att en UNPA kan skapas på grundval av en enkel majoritetsröstning i generalförsamlingen. Det finns emellertid en möjlighet att generalförsamlingen, på grundval av artikel 18 i FN-stadgan, kan besluta att detta är en "viktig fråga" som kräver två tredjedels majoritet. Ett sådant beslut skulle i sin tur fattas med enkel majoritet enligt punkt 3.

Vi anser att detta är en fråga om diskretion. Eftersom inrättandet av tidigare underorgan i FN till stor del skedde i enighet, kan dessa fall inte användas som prejudikat.[84] Ett beslut i konsensus är osannolikt och inte nödvändigtvis önskvärt för en UNPA, eftersom stadgarna reglerar komplexa frågeställningar och ämnen som rättsstatsprincipen och demokratiska principer måste tas upp.

FN-stadgan lämnar också utrymme för tolkning. Bland de viktiga frågorna som nämns i artikel 18.2, som kräver två tredjedelars majoritet, är upprättande av nya FN-organ inte listat. Emellertid nämns "budgetfrågor", som indirekt påverkar en UNPA om församlingen ska finansieras från FN:s budget.

Detta betyder dock inte nödvändigtvis att två tredjedels majoritet är nödvändig. Generalförsamlingen kan besluta om inrättandet av en UNPA och dess senare budget i separata omröstningsprocesser. En sådan separation är till och med logisk om avsikten är att finansiera UNPA:n delvis eller helt utanför den reguljära FN-budgeten. Det finns således inget tvingande skäl till att kvalificerad två tredjedels majoritet skulle krävas för inrättandet av en UNPA.

2.7. Parlamentariskt nätverk inom FN och parlamentariska utskott

Utöver FN:s samarbete med IPU har ytterligare förslag gjorts för att utveckla en "parlamentarisk dimension" inom FN, som initialt ligger under tröskeln för en UNPA.

I februari 2004 rekommenderades i rapporten från Världskommissionen om globaliseringens sociala dimension, som inrättats av Internationella arbetsorganisationen (ILO), att "parlamentarisk tillsyn över det multilaterala systemet" på global nivå bör "utvidgas gradvis".[85] För detta ändamål ställdes kravet om inrättandet av en "global parlamentarisk grupp" för att utveckla en "integrerad tillsyn" över de viktigaste institutionerna i FN-systemet, Bretton Woods-institutionerna och WTO.[86]

I sin rapport från juni 2004 föreslog Cardoso-panelen att globala parlamentariska utskott för olika politikområden skulle inrättas under FN:s sekretariat och i samarbete med IPU för att diskutera viktiga globala frågor. Dessa kommittéer skulle bestå av ett geografiskt representativt urval av ledamöter från upp till trettio parlament, som var och en skulle tillhöra motsvarande nationella parlamentariska utskott. Möten skulle pågå i tre till fyra dagar och

---

[84] Falk & Strauss, 2011, s. 91f.
[85] ILO, 2004, s. xiv.
[86] Ibid., para. 544.

innehålla experter från det civila samhället, akademin, näringslivet och andra sektorer. De globala utskotten för offentlig politik skulle anta rapporter och rekommendationer och bli mer formaliserade med tiden.[87] Det föreslogs också att ett samverkanskontor för parlamentariska förbindelser skulle inrättas inom FN:s sekretariat.

I en resolution som antogs av PACE 2006 hävdades att "parlamentariskt engagemang i FN:s arbete bör gradvis utökas", vilket går utöver ett samarbete med IPU.[88] Som ett första steg rekommenderade den "upprättandet av en experimentell parlamentarisk kommitté med rådgivande funktioner gentemot generalförsamlingens utskott". Denna kommitté bör bestå av delegationer som väljs av de nationella parlamenten på ett sätt som säkerställer en rättvis geografisk representation, adekvat representation av de politiska partierna som representeras i varje parlament och jämställdhet mellan könen. "Om detta experiment skulle lyckas", hävdar resolutionen, "skulle strukturen och funktionen för denna kommitté kunna inspirera till inrättandet av en parlamentarisk församling inom FN med rådgivande funktioner gentemot generalförsamlingens plenum."

Slutligen rekommenderade år 2015 Kommissionen för global säkerhet, rättvisa och styrning - med delat ordförandeskap mellan Madeleine Albright och Ibrahim Gambari - inrättandet av ett parlamentariskt nätverk inom FN (UNPN). Rapporten konstaterar att som en del av en "pragmatisk strategi för att stärka FN:s medborgarrelationer och att övervinna världsorganisationens demokratiska underskott, skulle ett parlamentariskt nätverk inom FN, inrättat enligt stadgans artikel 22, kunna ha en enorm potential för att utöka allmänhetens kunskap om och deltagande i arbetet hos den framstående globala institutionen".[89] Nätverket bör struktureras på liknande sätt som Världsbankens och IMF:s parlamentariska nätverk eller WTO:s parlamentariska konferens, men bör ha en "formell relation" till FN. Den största skillnaden mot en UNPA skulle därför vara att medlemskap i det parlamentariska nätverket skulle vara öppet för enskilda parlamentariker, utan att de formellt måste väljas av deras parlament eller parlamentariska grupp.[90]

För att vidareutveckla FN:s "parlamentariska dimension" måste man, med tanke på begränsade resurser och kapacitet, se till att det alltid skapas mervärde och att dubblering av aktiviteter, uppgifter eller funktioner undviks. I

---

[87] UN, 2004, para. 106-113.
[88] PACE, 2006.
[89] Commission on Global Security, Justice & Governance, 2015, s. 84.
[90] Se även Stimson Center, 2020, s. 42-43.

detta avseende bör det noteras att FN redan samarbetar med ett antal IPI:er utanför IPU.[91] Dessutom har IPU under de senaste 15 åren avsevärt stärkt sitt utskott som hanterar FN-frågor och dess samarbete med FN:s kärnorganisation och olika FN-institutioner.[92] När det gäller parlamentarikernas betydande engagemang i globala frågor kan man hävda att detta till viss del har möjliggjorts och underlättats genom befintliga globala arrangemang.

Mervärdet av ovannämnda rekommendationer verkar vara att ännu starkare och ännu bredare ämnesrelaterade parlamentariska förbindelser med FN-systemets institutioner bedrivs och att dessa åtminstone delvis explicit förstås som möjliga preliminära steg för utvecklingen av en UNPA. I vilket fall som helst utför de befintliga arrangemangen av FN:s "parlamentariska dimension" inte, eller bara i mycket begränsad utsträckning, parlamentarisk tillsyn och kontroll gentemot FN. I detta avseende är status quo otillfredsställande.

Beroende på deras utformning kan förslagen från ILO:s världskommission, Cardoso-panelen, PACE eller Albright-Gambari-kommissionen utgöra användbara preliminära steg. Faktum är att de olika metoderna enkelt kan integreras till ett nytt förslag. Kommittén som PACE föreslagit skulle till exempel kunna fungera som det institutionella paraplyet för de separata kommittéer som förespråkas av Cardoso. Dessa skulle i sin tur, och i den anda som ges uttryck för i ILO:s rapport, även kunna hantera de internationella finansinstitutionerna och WTO, samt, i egenskap av ett nätverk, vara öppen för de enskilda parlamentsledamöter som ämnade ansluta på eget bevåg.

Ett UNPN som ett mellansteg

En bred global diskussion kring förslaget om en UNPA skulle kunna visa att många regeringar anser att steget från status quo till ett FN-organ med verkliga tillsyns- och övervakningsrättigheter är alltför stort. I så fall skulle ett mindre steg i form av institutionaliseringen av en parlamentarisk plattform kunna utgöra en genomförbar politisk kompromiss och ett användbart mellansteg.

Albright & Gambari-kommissionens förslag om ett UNPN framstår särskilt lovande. Dels är medlemskapet i ett sådant nätverk tämligen informellt jämfört med en UNPA, vilket borde sänka tröskeln för regeringarna att acceptera det. Samtidigt skulle en sådan organisatorisk ram också möjliggöra

---

[91]   UN, 2018b.
[92]   Bummel, 2019.

parlamentsledamöters individuella engagemang och ingjuta nytt momentum för FN-reformer.

För att kunna lägga en fast grund för en UNPA måste emellertid ett UNPN utformas på rätt sätt. Till exempel måste det tydligt specificeras att nätverkets tematiska fokus ska ligga på FN:s aktiviteter och strukturer, för att undvika för mycket överlappning med andra befintliga IPI:er. Men framför allt bör UNPN tydligt förankras som en föregångare till en UNPA och bland annat anförtros uppgiften att hantera förutsättningarna för sin egen omvandling till en UNPA.

Även om fortsatt utveckling i slutändan är ett beslut för FN:s medlemsländer, kan ledamöterna som arbetar tillsammans i ett UNPN spela en central roll. Det skulle inte vara nödvändigt att vänta på åtgärder från regeringar eller parlament. Intresserade parlamentariker kan ansluta sig till ett sådant nätverk individuellt eller i grupper och fastställa sina egna prioriteringar inom ramen för de övergripande politiska målen. Det är sant att Albright & Gambari-rapporten föreslår att UNPN ska erkännas av FN:s generalförsamling enligt artikel 22. Detta skulle vara idealt, men det är inte en nödvändig förutsättning. Andra IPI:er av det här slaget har också ursprungligen lanserats utan officiellt erkännande av någon mellanstatlig organisation. Så snart UNPN når en tillräcklig storlek, representativitet och acceptans kommer en närmare koppling till FN att framstå som logisk. I slutändan bör UNPN omvandlas till en UNPA genom ett beslut av generalförsamlingen.

2.8. Inrättande genom ett internationellt avtal

En parlamentarisk församling med ett globalt mandat skulle kunna skapas inom eller utanför FN-systemet genom ett internationellt fördrag mellan en grupp stater. I detta fall skulle samarbetsavtal reglera organets funktioner för FN och andra internationella institutioner. En parlamentarisk församling som kommer till stånd på detta sätt skulle således inte begränsas till statusen som ett underorgan till FN, utan skulle kunna ta på sig övergripande uppgifter redan från början. Ett sådant organ kan också beskrivas som en global parlamentarisk församling (GPA), en term som betonar att det inte bara är tänkt att vara anslutet till FN:s kärnorganisation. Den kan bland annat tillgodose "demokratisk tillsyn över Världsbanken, IMF och WTO" som Boutros Boutros-Ghali krävde.[93]

---

[93] Boutros-Ghali, 2007.

Inrättandet av internationella institutioner genom internationella avtal är en väl beprövad metod genom vilken institutioner som IMF, Världsbanken, WTO och WHO har skapats. Exemplet med Internationella brottmålsdomstolen (ICC) är särskilt intressant i detta sammanhang. Även om ICC inte är en del av FN, kopplar viktiga artiklar i ICC-stadgan arbetet till FN:s säkerhetsråd, som kan hänskjuta ett mål till domstolen oavsett andra jurisdiktionskrav.

Bildandet av ICC är också anmärkningsvärt och intressant med hänseende till en UNPA. Dess skapande och snabba ratificering av ett tillräckligt antal stater skulle inte ha varit möjligt utan en internationell koalition av grupper inom civilsamhället. Denna framgång exemplifierar att internationella rättsliga strukturer kan upprättas med stöd av en beslutsam grupp av NGO:er och regeringar, även då politiska tungviktare inte går att övertyga initialt.[94]

Mer flexibla alternativ med avseende på institutionell design

En fördel med att skapa en UNPA genom ett mellanstatligt fördrag är att en grupp stater då kan starta på egen hand, medan ett förfarande inom ramen för FN kräver beslut av generalförsamlingen och kanske andra FN-organ, exempelvis säkerhetsrådet. En ytterligare fördel kan vara att en högre standard kan nås redan från början, både när det gäller befogenheter och demokratisk legitimitet, om fördraget förhandlas fram av en mindre grupp ambitiösa stater. Därmed skulle iakttagandet av de mänskliga rättigheterna och direktval av UNPA-delegater kunna fastställas som kriterier för deltagande redan initialt, vilket ger församlingen och dess beslut en hög grad av legitimitet. Vidare kan de statliga parterna ge organet betydande rättigheter beträffande regleringen av gemensamma uppgifter, inklusive lagstiftande befogenheter, till exempel i samarbete med nationella parlament.

Problemet med exklusivitet

Ett grundläggande problem med detta ambitiösa tillvägagångssätt är konflikten mellan den parlamentariska församlingens globala strävan och det ursprungligen begränsade antalet undertecknande stater. Det är inte trovärdigt att påstå att en sådan organisation företräder mänskligheten och världssamhället som helhet om den inte ens har godkännande av en majoritet av FN:s medlemsländer. Dessutom verkar det oundvikligt att formellt ansluta

---

[94] Den 1 januari 2020 hade 122 stater ratificerat ICC-stadgan, men viktiga stater står fortsatt utanför, i synnerhet USA, Kina, Ryssland och Indien.

UNPA:n till FN och helst också till andra mellanstatliga globala institutioner, till exempel IMF, WTO eller Världsbanken, för att utöva ett effektivt politiskt inflytande på befintliga globala förhandlingar och beslutsfattande processer, inte minst med avseende på deltagande, övervakande och rådgivande funktioner.

Att samla en majoritet av rösterna i FN för att upprätta dessa länkar skulle förmodligen vara allt svårare ju mindre det ursprungliga antalet stater är och ju mer makt som ska tillskrivas organet. En liknande brist på stöd kan förväntas i händelse av en övergång till direktval av UNPA-delegater, vilket antagligen inte skulle accepteras av många stater i början.

Därför skulle en sådan exklusiv församling troligen bestå av en sammanslutning av självutnämnda demokratier, vilket har föreslagits sedan 1939, men inte utgöra ett verkligt globalt parlament.[95] Omvänt skulle det ambitiösa långsiktiga målet om en demokratisering av alla stater vara en förutsättning för församlingens globala karaktär. Processen med att öppna och demokratisera FN och systemet för global styrning måste dock börja långt innan detta mål uppnås.

En pragmatisk och öppen metod

Om målet är att i största möjliga mån uppnå global acceptans, legitimering och funktionalitet, verkar en mindre ambitiös inställning avseende både tillträdeskrav och kompetenser nödvändig i den inledande fasen. Det stora antalet IPI:er med begränsade befogenheter till konsultationer, tillsyn och deltagande som skapats vid olika internationella institutioner antyder att en jämförbar begränsning av funktioner också kan behövas för en fördragsbaserad UNPA med globala ansvarsområden för att få brett godkännande bland regeringar.

Detta tillvägagångssätt inkluderar möjligheten att en grupp likasinnade stater, som inte representerar en majoritet till en början, inrättar en global parlamentarisk församling utanför FN genom ett motsvarande internationellt avtal som är öppet för alla FN:s medlemsländer.[96] Detta steg kan motiveras utifrån vetskapen om att när en sådan partiell församling blir verklig - och allmänt synlig - kan det i sig utgöra en grund för vidare global diskussion av denna strategi och en snabb ratificeringsprocess. Så fort stöd från en majoritet

---

[95] Jfr Streit, 1939; angående en församling på 20-30 stater se Falk & Strauss, 2011, s. 95.

[96] Se diskussionen om en "världsparlamentarisk församling" i Lopez-Claros et al., 2020, s. 113ff.

av stater har uppnåtts kan församlingen integreras i FN genom ett samarbets-avtal eller genom bestämmelserna i artikel 22.

Godkännande av FN är nödvändigt

Av ovanstående kan slutsatsen dras att det i huvudsak gäller samma villkor både för inrättandet och den institutionella utformningen av en UNPA, oav-sett om den upprättas genom ett internationellt fördrag eller genom ett beslut av generalförsamlingen enligt artikel 22 i FN-stadgan. I båda fallen är det i slutänden nödvändigt med ett godkännande av FN och att en majoritet av dess medlemsländer deltar. Följaktligen kan och bör FN spela en viktig roll från början.

ICC kan fungera som ett exempel. FN:s generalförsamling inledde i detta fall en förberedande process som utformade det grundläggande programmet och mobiliserade internationellt stöd för projektet flera år före ICC:s konsti-tuerande konferens i Rom 1998. Denna banade väg för en framgångsrik kon-ferens som hölls på inbjudan av FN. Av de stater som deltog i den slutliga omröstningen röstade 120 ja, bara sju röstade nej, och 21 avstod från att rösta. Efter att ha uppnått villkoret om ratificering av 60 länder kunde domstolen ta sig an sina uppgifter den 1 juli 2002.

På liknande sätt skulle FN kunna få mandat att organisera den förbere-dande processen för att inrätta en global parlamentarisk församling. När den nödvändiga majoriteten för detta steg har erhållits i generalförsamlingen kan konkreta åtgärder vidtas för att förhandla om dess stadgar inom ramen för FN.[97] Frågan om hur en UNPA realiseras i enlighet med internationell rätt behöver inte avgöras i förväg, utan skulle vara en fråga för dessa förhand-lingar.

Inrättandet av en UNPA genom ett internationellt fördrag innebär betyd-ligt mer handlingsutrymme beträffande dess institutionella utformning jäm-fört med skapandet genom artikel 22 och möjliggör samtidigt dess anslutning till FN, i detta fall via ett samarbetsavtal.

---

[97] Lopez-Claros et al., 2020 menar att de inledande förhandlingarna kan äga rum utanför FN. Se ibid., s. 114. I vilket fall kan en grupp av progressiva medlemsstater bana vägen.

Tabell 2: Möjliga former av en global parlamentarisk församling. Skiljelinjerna mellan dem är flytande och ofta används termerna synonymt.

Beteckning	Skapande	Status	Val av ledamöter	Ansvar och befogenhet
Parlamentariskt nätverk inom FN (UNPN)	Initiativ av parlamentariker	Erkänt av FN, möjligen baserat på art. 22 FN-stadgan	Enskilda parlamentariker på eget bevåg	Rådgivande, eventuellt tillsynsfunktion
Parlamentarisk församling inom FN (UNPA)	FN:s generalförsamling i enlighet med art. 22 FN-stadgan	Underorgan till FN:s generalförsamling och därefter erkänd av andra institutioner	Genom parlament eller direktval (hybrid)	Rådgivande och tillsynsfunktion, senare medbeslutande
Global parlamentarisk församling (GPA)	Internationellt avtal	Erkänd av FN och andra internationella institutioner	Genom parlament eller direktval (hybrid)	Rådgivande och tillsynsfunktion, senare medbeslutande
Världsparlament	Stadgereform i enlighet med art. 109 FN-stadgan	Huvudorgan för ett förnyat FN	Direktval	Medbeslutande, lagstiftande, tillsynsfunktion

Detta kan vara den lämpligaste vägen i det fall det finns ett brett stöd för en global parlamentarisk församling med betydande befogenheter och ansvarsområden bland FN-medlemmar, men inte tillräckligt för att åstadkomma en stadgeändring. Om sådant stöd däremot är mer begränsat verkar vägen via artikel 22 vara att föredra.

2.9. Slutsatser

Vi rekommenderar en mångsidig politisk strategi för att skapa en UNPA, som primärt är inriktad på att upprätta församlingen som ett underorgan till FN:s generalförsamling enligt artikel 22 i FN-stadgan. Fördelarna med denna väg är flera, bland annat innebär den att UNPA:n automatiskt hamnar i en fruktbar roll i relation till generalförsamlingen. Som vi har visat finns dock flera möjliga vägar att upprätta en UNPA och vi menar att alternativa strategier kontinuerligt bör utvärderas. Vi vill här särskilt peka på tre möjligheter. För det första är ett internationellt avtal intressant eftersom det ger betydligt mer handlingsutrymme i organets utformning. För det andra kan ett UNPN vara ett pragmatiskt viktigt steg som en föregångare till en parlamentarisk församling. I en gynnsam global politisk miljö bör, för det tredje, en översynskonferens baserad på artikel 109 tas upp på dagordningen. Därigenom kan världsorganisationens stadga revideras så att en andra kammare inrättas som tillsammans med generalförsamlingen blir ett huvudorgan i ett reformerat FN. Vi betraktar en UNPA som skapats utan ändring av FN-stadgan som ett mellanliggande steg mot detta mål.

Enligt vår uppfattning är dock det primära politiska målet med ansträngningarna för att inrätta en UNPA att i FN:s regi initiera en inkluderande och transparent process av samråd och förhandlingar som involverar regeringar, internationella institutioner, parlamentariker, experter, företrädare för det civila samhället och medborgare. För att starta denna process krävs politiskt stöd från en majoritet av FN:s medlemsländer och ett mandat från FN:s generalförsamling. Vi tror att det är mest lämpligt att under dessa förhandlingar besluta om förfarandet för att skapa en UNPA i enlighet med internationell rätt, eftersom bedömningen av olika tillvägagångssätt kan variera beroende på de rådande politiska förhållandena och inte kan avgöras på förhand.

3. UNPA som pådrivare för demokrati

3.1. Inkluderandet av stater med icke-demokratiska regeringar

Vid inrättandet av en UNPA finns det en spänning mellan principerna om universalism och demokrati. Å ena sidan innebär en UNPA ett steg mot att införa en mer effektiv och ansvarsfull global styrning för att hantera mänsklighetens existentiella globala utmaningar. Å andra sidan ska församlingen vara en genuint demokratisk instans som representerar mänskligheten på ett legitimt sätt. Problemet är att inte alla FN:s medlemsstater är demokratiska och att de inte tillåter fria och rättvisa val.

I den hittills föreslagna modellen ses församlingen som öppen för alla FN:s medlems- och observatörsstater.[98] Detta koncept om en församling som är tillgänglig för alla stater oavsett deras regeringsform är i linje med principen om suverän jämlikhet mellan FN:s medlemsländer i världsorganisationen och dess organ. Om en UNPA inrättas som ett underorgan till generalförsamlingen på grundval av FN-stadgan, skulle den troligtvis i princip behöva bygga på denna premiss.

Ett verkligt globalt synsätt skulle innebära att en UNPA representerar och talar för mänskligheten som helhet. Dess förverkligande förutsätter att representanter från stater vars regeringar är auktoritära och förtryckande inkluderas, även om en UNPA i sig själv, enligt vårt synsätt, ska eftersträva demokrati och mänskliga rättigheter. Deltagande av pseudo-parlamentariker som är ansvariga inför autokratiska regimer kan emellertid undergräva en UNPA:s legitimitet och effektivitet.

Detta leder oss till frågan om det är lämpligt och genomförbart att begränsa deltagandet till de stater som uppfyller vissa miniminormer när det gäller UNPA-delegaternas demokratiska legitimitet. Om en UNPA ska vara trovärdig, kan det hävdas, måste dess ledamöter vara faktiska parlamentariker valda antingen av folket eller av ett demokratiskt etablerat parlament.

---

[98] CUNPA, 2007b; se även Heinrich, 2010, spec. s. 25. Det enda villkoret för tillträde är alltså att det finns ett parlament, "oavsett hur det är konstituerat" (Bummel, 2010b, s. 30). Angående observatörsstater, se CUNPA, 2013, punkt 7.

Vidare kan det inkluderande UNPA-konceptets universalistiska orientering som utvecklades under 1990-talet, och återspeglar dess historiska sammanhang, ifrågasättas ur dagens perspektiv. Den unika demokratiseringsvåg som pågick vid denna tid fick många att tro att UNPA-delegater utan demokratisk legitimitet skulle vara mer en teoretisk motsägelse än ett problem i praktiken - inte minst eftersom deras antal bland delegaterna skulle minska med tiden.[99] Dessa idéer behöver nu kritiskt granskas med tanke på den tillbakagång för demokrati och rättsstatsprincipen i många stater som inleddes strax efter millennieskiftet. Det är hur som helst mycket troligt att antidemokratiska, reaktionära och nationalistiska krafter kommer att försöka organisera sig i en UNPA och använda denna globala plattform som ett verktyg.

Att begränsa en UNPA till delegater från stater med demokratiska regeringar skulle ha fördelen att en bred samsyn säkerställs kring demokratiska värderingar och legitimering. En sådan församling skulle vara fast förankrad i grundläggande mänskliga rättigheter och friheter och sannolikt utveckla ett motsvarande rykte i världen. Men upprättandet av en sådan modell har också ett pris. En församling med begränsat medlemskap skulle under överskådlig framtid endast ha begränsad relevans eftersom det skulle vara en församling med endast självutnämnda demokratier. Detta skulle äventyra anspråket på global representation och ansvarstagande, liksom möjligheten av organisatorisk integration i FN-systemet. En exklusiv UNPA skulle därför vara mindre effektiv när det gäller att ta itu med vår tids globala utmaningar.

Frågan om representation av stater med autokratiska regeringar i en UNPA har varit ett viktigt ämne de senaste åren, både i den offentliga diskussionen om förslaget och inom den internationella kampanjen. Det har diskuterats om kriteriet om global inkludering borde upprätthållas eller överges till förmån för demokratiska principer. Goda argument kan läggas fram för båda synsätten. Båda kan förverkligas, om än förmodligen inte på samma sätt. Efter en kort översikt av det nuvarande politiska läget kommer vi att titta närmare på konsekvenserna av de båda synsätten.

3.2. Andelen demokratiska system i världen

Att bestämma förhållandet mellan demokratiska och icke-demokratiska stater i världen är inte enkelt eftersom det finns ett spektrum av ett stort antal olika nyanser mellan polerna demokrati och despotism. Med hjälp av vissa kriterier, såsom indikatorer som rör rättsstaten, kan emellertid olika grader

---

[99] Heinrich, 2010, s. 25.

av politisk frihet identifieras, och länder klassificeras i enlighet därmed.[100] Bland de mest kända periodiska studier av detta slag är de som gjorts av Freedom House, Polity Project, V-Dem, International IDEA och klassificeringarna av Economist Intelligence Unit.

Enligt Freedom House, baserat i Washington DC, som har genomfört årliga undersökningar om tillståndet för demokrati och medborgerliga friheter runt om i världen sedan 1950-talet, fortsätter demokratiska system att utgöra en majoritet i världen. År 2018 klassificerades 114 av 195 stater som "valdemokratier", vilket motsvarar nästan 60 procent. Kriterierna för denna kategori är en övergripande fri och rättvis valprocess samt en minimistandard för politiska rättigheter och medborgerliga friheter.[101]

Antalet demokratier som identifierats av Freedom House har varit i stort sett oförändrat sedan millennieskiftet, men under decenniet efter kalla kriget, 1989-1999, skedde en markant ökning av antalet demokratier från 69 till 120.

Gråzonen mellan liberala och auktoritära system illustreras av en andra klassificering som tillämpas av Freedom House. 88 av 195 stater sågs som "fria" under 2018, vilket inkluderar den stora majoriteten men inte alla valdemokratier. Denna kategori omfattar 45 procent av staterna och 39 procent av världsbefolkningen. 58 stater klassificerades som "delvis fria" (30 procent respektive 24 procent av befolkningen). 49 länder (25 procent) bedömdes som "inte fria" - vilket drabbar 37 procent av människorna i världen, varav hälften bor i ett enda land, Kina. Situationen verkar inte ha förändrats mycket sedan millennieskiftet. I slutet av 1999 klassificerades 85 av 192 länder som "fria", 59 som "delvis fria" och 48 som "inte fria".[102]

Denna klassificering avslöjar emellertid inte tillbakagången av den globala friheten som har varit uppenbar i flera år och som kan observeras i form av demokratiska och konstitutionella värden, såsom rättvisa val, pressfrihet, minoritetsrättigheter, rättsstatsprincipen och maktens separering. Enligt Freedom House-analytiker började den globala nedåtgående trenden i detta avseende 2006 och har fortsatt sedan dess. Mellan 2006 och 2018 minskade nivån av politisk och social frihet i 113 länder medan den förbättrades i endast 63 länder. Från och med 2018 har denna trend inte visat några tecken på lindring, med ett förhållande på 71 till 35.

---

[100] För demokratins ställning i världen, se också blogginlägg på www.democracywithoutborders.org/blog/.

[101] Freedom House, 2019. Striktare kriterier tillämpades efter statusrapporten 2018, vilket ledde till en lägre rankning för sju stater.

[102] Freedom House, 2000.

Denna regression återspeglas också i ett annat årligt index - Democracy Index of the Economist Intelligence Unit. Enligt klassificeringen på fyra nivåer klassificerades 28 av de 167 stater som granskades 2006 som "fullgoda demokratier", 54 som "bristfälliga demokratier", 30 som "hybridregimer" och 55 som "auktoritära regimer".[103] År 2019 hade antalet fullgoda demokratier minskat till 22, medan andelen bristfälliga demokratier var kvar på 54 och antalet hybridregimer ökade till 37. Antalet länder under auktoritärt styre har dock minskat något till 54.[104] Enligt slutsatser från V-Dem, dominerar demokrati fortfarande över världen men autokratiska tendenser ökar.[105]

Dessa slutsatser tyder på att trenden med global demokratisering inte bara har stoppats utan kan vara på väg att vända. Det underliggande problemet hittills är inte så mycket upprättandet av nya totalitära regimer - antalet har förblivit mer eller mindre detsamma sedan 2006 - utan snarare den krypande erosionen av politisk frihet som drabbar många länder världen över, inklusive väletablerade demokratier. En speciell oro är populismens våg som har svept över hela världen. Dess förespråkare har ofta kunnat övervinna demokratiskt skydd med demokratiska medel: genom fria val, följt av undergrävande av rättvisa, pressfrihet och politisk kultur. Dessutom utövar olika regeringar sitt inflytande för att främja sina anti-liberala och anti-multilaterala ideologier utomlands.

Som nämnts i det första kapitlet tyder dock internationella undersökningar på att den överväldigande majoriteten av människor i alla regioner i världen fortsätter att stödja demokrati som den bästa regeringsformen. Jämfört med 1990-talet, när UNPA-konceptet utvecklades, är situationen idag mer komplicerad och svår men inte på något sätt avskräckande. I en UNPA som är öppen för alla FN:s medlemsländer skulle parlamentariker från demokratier fortsätta att utgöra en majoritet enligt de modeller som presenteras i denna översyn av policyn. En församling baserad på striktare demokratiska principer skulle således fortfarande kunna inkludera majoriteten av staterna i världen. Men även stater med anti-demokratiska regeringar har ofta en demokratiskt sinnad parlamentarisk opposition. Därför kan det inte antas att de enskilda delegaterna från icke-demokratiska stater alla skulle vara pseudo-parlamentariker som lyder sina regimer. I en anda av demokratifrämjande kan det därför ses som viktigt att inkludera just dessa stater och att ge deras

---

[103] Economist Intelligence Unit, 2006.
[104] Economist Intelligence Unit, 2020.
[105] V-Dem Institute, 2019.

opposition en chans att bli representerad och uttala sig i en UNPA. Detta kan vara ett viktigt bidrag till att försvara och främja demokrati.

Men erosionen av politisk frihet i form av attacker mot rättsstatsprincipen och underminerande av demokratiska och kosmopolitiska värdesystem, skulle troligtvis också drabba en global parlamentarisk församling. Populister, nationalister och autokrater skulle försöka organisera sig i detta sammanhang för att uppnå sina mål. Detta utgör dock inte ett argument mot inrättandet av en UNPA. Tvärtom, den parlamentariska församlingen skapar ett nytt globalt synligt forum där debatten med demokratins och rättsstatens motståndare kan föras fritt och offentligt. På detta sätt kan den internationella allmänheten tydligare få syn på vad som står på spel och det blir möjligt att mobilisera nya krafter för att försvara och främja dessa värden över hela världen. Så länge fienderna till ett liberalt och kosmopolitiskt värdesystem inte dominerar över hela världen, kan en parlamentarisk kammare som uttryckligen bygger på dessa principer vara en av de mest värdefulla allierade bland dess försvarare.

3.3. En parlamentarisk församling baserad på demokratiska principer

Argumenten mot att inkludera delegater från stater utan ett demokratiskt regeringssystem är kopplade till den specifika natur som kännetecknar en transnationell parlamentarisk församling. En sådan institution måste vara kvalitativt annorlunda än de befintliga mellanstatliga FN-organisationerna och de internationella förhandlings- och arbetsorganen. Principiellt sett är parlamentariskt arbete baserat på alla representanters legitimitet som erhålls från medborgare genom fria val. Delegater som varken har valts av folket eller av ett nationellt parlament inrättat enligt demokratiska kriterier skulle därför inte betraktas som parlamentariker.

Sådana delegaters deltagande kan undergräva församlingens legitimitet och moraliska auktoritet. Deras engagemang kan ses inte bara som en grundläggande normativ motsägelse utan också som ett betydande praktiskt problem. Dessa delegater skulle misstänkas följa instruktioner från sina regeringar istället för att vara fria att fatta beslut enligt fakta och eget samvete. Det kan också antas att denna grupp skulle tendera att vara osympatiskt inställd eller till och med fientlig mot parlamentarism och rättsstatens principer. Det senare är särskilt problematiskt eftersom en UNPA inte bara skulle hantera frågor om säkerhet, ekonomi och ekologi utan också socio-politiska frågor, såsom att främja grundläggande mänskliga rättigheter och medborgerliga friheter eller främja målen i Agenda 2030.

En församling som används av ett stort antal pseudo-parlamentariker för att kämpa mot dess kärnvärden, inklusive själva syftet med global parlamentarism, kan få dåligt rykte och misslyckas med att vara den förväntade motorn för positiv global förändring.

Samtidigt verkar politisk kompromiss oundviklig även för en parlamentarisk församling vars legitimitet baseras på demokratiska kriterier. Om kraven på staters demokratiska och konstitutionella status är alltför krävande skulle kretsen av deltagare förbli ganska liten. Oavsett hur det utformas skulle komplexa och förmodligen ofta kontroversiella överväganden vara nödvändiga för att bedöma vilka stater som uppfyller de nödvändiga kriterierna och vilka som inte uppfyller dem. För att minimera risken för konflikt och möjligheterna till politiskt missbruk av sådana bedömningar är det nödvändigt att definiera kriterier som är universella, tydliga och enkla att tillämpa. De måste också vara tillräckligt breda för att möjliggöra deltagande utöver bara en handfull exemplariska demokratier.

En tänkbar strategi vore att fokusera på kvaliteten på valen. I enlighet med en miniminivå av demokratiska principer måste de representanter som skickas av ett givet land därför väljas genom allmänna val eller av ett direktvalt nationellt parlament.

Delegater från stater som inte uppfyller dessa kriterier kan tillåtas delta i överläggningarna och församlingens arbete som observatörer men inte tillåtas att rösta. Genom detta arrangemang skulle det teoretiskt vara möjligt att uppnå global inkludering samtidigt som demokratiska minimikrav för den parlamentariska församlingen upprätthålls. Det är emellertid osannolikt att stater som berörs av denna begränsning skulle godkänna ett sådant förfarande. De skulle snarare kunna anklaga institutionen för diskriminering och uteslutning. Ett deltagande utan rösträtt innebär trots allt ett erkännande av en regims underliggande brist på grundläggande demokratisk legitimitet.

Nödvändigheten av en miniminivå av demokratiska principer för valet av UNPA-delegater skulle kräva motsvarande bestämmelser i stadgarna eller arbetsordningen för församlingen. Kriterierna måste direkt relatera till de parlamentariska systemen i medlemsländerna: När delegater utses av nationella parlament måste ledamöterna i dessa parlament själva ha fått tillräcklig demokratisk legitimitet genom en allmän omröstning. Där delegater är direktvalda måste ett fritt och rättvist valförfarande garanteras. Dessutom måste det säkerställas att delegaterna som skickas till församlingen på ett tillfredsställande sätt speglar det politiska spektrum som finns i varje land.[106]

---

[106] Detta talar för ett system med proportionell representation.

Ett minimikrav för att bedöma statens valsystem kan härledas från artikel 21.3 i UDHR, som föreskriver att "folkviljan ska uttryckas i periodiska och verkliga val, som skall genomföras med tillämpning av allmän och lika rösträtt och hemlig röstning eller ett likvärdigt fritt röstförfarande". Politisk konkurrens inom ett flerpartisystem är viktigt i detta sammanhang. Följaktligen är grovt valbedrägeri lika oacceptabelt som enpartisystem i demokratisk förklädnad, där befolkningen i bästa fall kan välja mellan kandidater som har godkänts av regeringen.

Att fastställa sådana riktlinjer är möjligt och deltagande stater kan antas vara villiga att implementera och följa dessa regler. En valkommission som utses av församlingen eller plenum kunde övervaka efterlevnaden av de krav som ställs.

Enligt de regler som anges ovan skulle vissa länder inte få sända delegater. Det gäller länder som befinner sig i inbördeskrig, så kallade kollapsade stater, absoluta monarkier, enpartisystem, militärdiktaturer och avhängiga territorier. Dessutom skulle detta utesluta länder där val har försenats under en lång tid, där massivt valfusk har observerats eller där ingen politisk tävlan mellan partier kan äga rum.[107] Så kallade valbaserade autokratier, där politiska system med begränsade demokratiska principer bekräftas av befolkningen genom generellt rättvisa val, skulle dock fortfarande tillhöra deltagarkretsen.

Det är värt att notera att de riktlinjer som presenteras här lämnar utrymme för en "bakdörr". Även för otvetydigt odemokratiska stater, där ingen parlamentarisk opposition finns, tycks medlemskap i princip vara möjligt om det kan garanteras att befolkningen får välja UNPA-delegater i ett fritt och rättvist val. Detta scenario är dock uppenbarligen mycket osannolikt.

Inrättande som en oberoende institution enligt internationell rätt

Att inrätta en parlamentarisk församling som ett underorgan till FN:s generalförsamling enligt artikel 22 i FN-stadgan kan stöta på hinder om de deltagande staterna måste uppfylla demokratiska kriterier. Enligt FN-stadgan är nämligen den politiska ordningen för en stat irrelevant för dess medlemskap i FN. Eftersom denna regel hittills gäller för alla FN-organ, kan det hävdas att enligt internationell rätt skulle en begränsning av ett lands tillträde till en UNPA strida mot principen om suverän jämlikhet mellan alla stater.

Det kan dock finnas undantag från denna regel, vilket framgår av arbetsordningen för FN:s råd för mänskliga rättigheter, som inrättades 2006 som

---

[107] Enligt dessa kriterier skulle länder som Saudiarabien och Kina inte få skicka delegater till en UNPA.

ett underorgan till generalförsamlingen. Enligt den konstituerande resolutionen kan generalförsamlingen "med två tredjedelars majoritet av de närvarande och röstande medlemmarna häva rätten till medlemskap i rådet för en rådsmedlem som begår grova och systematiska kränkningar av de mänskliga rättigheterna".[108] Ändå utgör detta inte en allmän tillträdesbegränsning baserad på allmänna principer för mänskliga rättigheter, som alltmer krävs. FN:s råd för mänskliga rättigheter kritiseras ofta just på grund av det kontinuerliga medlemskapet av stater där de allvarligaste kränkningarna av de mänskliga rättigheterna begås.

Om syftet därför är att inrätta en parlamentarisk församling baserad på ett minimum av demokratiska principer skulle det vara mer fördelaktigt att, i stället för att tillämpa artikel 22, gå vägen via ett mellanstatligt fördrag och därigenom skapa en oberoende institution enligt internationell rätt och sedan koppla församlingen till FN via ett samarbetsavtal. Detta tillvägagångssätt gör det möjligt för en UNPA att fungera utan direkta band till FN:s generalförsamling och FN-stadgan. Det tillåter dessutom bestämmelser om medlemsförpliktelser inklusive överföring av överstatliga befogenheter. Integrationen av församlingen i FN-systemet kräver emellertid ett majoritetsbeslut av generalförsamlingen eller andra FN-institutioners huvudorgan. Således är godkännandet av en majoritet av staterna i världen fortfarande nödvändigt.

Om det finns tillräckligt stöd i det internationella samfundet kan inrättandet av ett parlamentariskt fackorgan inom FN markera ett betydande steg mot utvecklingen av global demokrati. Jämfört med en UNPA som inrättats enligt artikel 22 skulle en högre nivå av demokratisk legitimitet kunna realiseras såväl som mer omfattande och effektiva kompetenser för att fullgöra globala uppgifter - utan att i princip behöva avstå från att inkluderas i FN-systemet. Samtidigt kan en fördjupad politisk integration av en stor grupp stater i en global parlamentarisk institution vara en katalysator för transformationsprocesser i andra länder och leda till ett växande medlemskap. Att bygga en bred överenskommelse för denna väg är emellertid en extraordinär politisk utmaning som kanske bara kan övervinnas när möjligheten av ett särskilt historiskt sammanhang uppstår.

[108] UN, 2006, punkt 8.

3.4. En parlamentarisk församling med universellt medlemskap

Fördelen med en universell världsparlamentarisk församling är att den kan fungera som hela det mänskliga samhällets röst. Genom sin globala inkludering symboliserar den mänsklighetens odelbarhet såväl som jordens odelbarhet.[109] Den förkroppsligar idéerna om att global politik måste vara inriktad på det gemensamma bästa, att de grundläggande behoven hos varje människa på jorden måste beaktas såväl som rätten till personlig utveckling och att människor måste vara bättre representerade och mer involverade i globala beslutsprocesser. En inkluderande UNPA understödjer föreställningen om ett gemensamt engagemang för hela det planetära samhället.

Även om uteslutningen av stater med auktoritärt styre gynnar församlingens demokratiska trovärdighet, undergräver den samtidigt trovärdigheten av det globala perspektiv som en UNPA är tänkt att representera. Det vore enkelt att presentera ett sådant organ som en exklusiv klubb vars arbete endast gagnar en del av det internationella samfundet och som därför inte kan göra anspråk på att tala för mänskligheten.

En alltför exklusiv UNPA skulle ifrågasätta församlingens syfte att samla representanter från alla stater i världen för att utarbeta globala lösningar. Kriser, såsom klimatförändringar, påverkar inte bara alla människor i både demokratiska och auktoritära stater, utan kräver också samarbete mellan dessa regeringar enligt gemensamt överenskomna och implementerade regler. En sådan församling skulle inte leva upp till sitt anspråk på att vara ett globalt forum för förhandlingar om universellt giltiga demokratiska regler som främjar en rättvis balans mellan intressen och en gemensam handlingsförmåga på global nivå.

Dessutom kan samarbete med FN visa sig bli mycket mer problematiskt om en UNPA inte bygger på principen om universellt medlemskap. För det första kan det vara svårare, om inte omöjligt, att inrätta organet som ett underorgan till generalförsamlingen på detta sätt. För det andra skulle samverkan med de olika FN-institutionerna också vara mer komplicerat, eftersom de länder som utesluts från församlingen skulle vara representerade i dessa institutioner. Dessutom försvårar en exklusiv UNPA strävan att återföra globala politiska beslut till FN:s ramverk genom att förse generalförsamlingen med ett rådgivande organ som skulle återspegla staternas demografiska betydelse genom en viktad fördelning av platser.

---

[109] Spiegel, 2009, s. 246.

Detta aktualiserar frågan om de nackdelar som uppstår genom den globala dimensionens förlust kan uppvägas av en förstärkning av demokratisk trovärdighet. Som påpekats är politiska kompromisser nödvändiga om den nya församlingen inte bara ska vara en liten klubb med utvecklade demokratier. I vilken grad regeringar garanterar politiska friheter varierar stort. Var ska gränsen dras? Även om fria val skulle kunna vara ett allmänt tillämpbart kriterium, finns betydande utmaningar i att fastställa principer för att utvärdera olika aspekter av valens kvalitet. Till exempel kan val som formellt sett är övervägande fria och rättvisa mycket väl inbegripa massiv diskriminering av oppositionen och allvarliga begränsningar av grundläggande friheter, en praxis som ofta tillämpas av moderna diktaturer.

Andra tillvägagångssätt än att utesluta stater

Den vägledande principen om universellt medlemskap skulle allvarligt ifrågasättas i ett scenario där delegater från regeringar som begår grova kränkningar av de mänskliga rättigheterna deltar i församlingens diskussioner om demokrati och grundläggande sociala värden. Eller om länder bara skickar delegater från den styrande regeringen eftersom ingen parlamentarisk opposition kan bildas i deras politiska system. Trots detta bör det övervägas om andra tillvägagångssätt än att de berörda staterna utesluts kan fungera bättre.

En möjlighet skulle vara att förankra vissa skyddsåtgärder i församlingens stadgar, till exempel att välja in representanter för minoriteter och oppositionsrörelser i utskott av parlamentariska grupper och därmed ge dem rätt att delta och tala i församlingen. När det gäller allvarliga kränkningar av de mänskliga rättigheterna bör åtgärder vidtas som liknar förfarandet i FN:s råd för mänskliga rättigheter, såsom att avbryta rösträtten för de delegater som representerar beslutsfattare med ansvar för kränkningarna.

Av särskild vikt är församlingens uppgift att ordna offentliga debatter om kränkningar av grundläggande rättigheter och friheter som begåtts i FN:s medlemsländer. Debatterna är ett sätt för församlingen att synliggöra de drabbade och sätta press på respektive regering att stå till svars för sina handlingar, till exempel genom krav på att de lever upp till sin skyldighet att skydda (Responsibility to protect, R2P).

Sådan kritik kan få vissa repressiva regeringar att överväga att dra tillbaka sina delegater från församlingen - även om de skulle behöva väga detta beslut mot risken att få dåligt rykte. Ett eventuellt tillbakadragande av sådana stater skulle öka andelen demokratiska delegater i församlingen. Därmed skulle UNPA:ns universella och öppna karaktär i praktiken förskjutas mot en församling baserad på en mininivå av demokratiska principer. I detta fall skulle dock dörren för alla staters medlemskap förbli öppen utan begränsningar, och det universella anspråket på att vara mänsklighetens röst skulle bestå.

Exemplet med PAP

Frågan om representation av stater med odemokratiska regeringssystem är inte en ny fråga som bara gäller en UNPA. Parlamentariska församlingar och regionala parlament står redan inför denna motsägelse. I Europarådets parlamentariska församling (PACE) ingick till exempel ursprungligen endast demokratier, men sedan den andra anslutningsvågen av länder från Östeuropa och före detta Sovjetunionen har institutionen tvingats klara av en mycket mer heterogen sammansättning.

Exemplet med det Panafrikanska parlamentet (PAP) är särskilt intressant. Det grundades 2004 som ett rådgivande organ för Afrikanska unionen (AU), trots att flera av de 55 medlemsländerna har auktoritära och totalitära politiska system. I analogi med hur en UNPA skulle kunna fungera på global nivå anges i artikel 2.2 i det konstituerande protokollet som antogs 2001 att PAP-delegaterna representerar "alla Afrikas folk", och artikel 4 föreskriver att alla stater i AU är medlemmar.[110]

Det finns även en anmärkningsvärd bestämmelse som på liknande sätt också bör tillämpas på en UNPA: enligt artikel 4.3 måste delegationerna som skickas av medlemsländerna återspegla parlamentets (eller motsvarande rådgivande organs) politiska spektrum, vilket endast på ett övertygande sätt kan uppnås i demokratiska stater.

Trots den mycket heterogena sammansättningen av PAP när det gäller medlemsländernas syn på demokratins och rättsstatens principer hänvisar uttryckligen artikel 3 i det konstituerande protokollet till delegaternas skyldighet att främja grundläggande sociala värden, inklusive mänskliga rättigheter, demokrati, fred, goda styrelseformer, utveckling och samarbete. Som ett långsiktigt mål för utvecklingen av PAP föreskrivs i artikel 2.3 det slutliga målet "att utvecklas till en institution med fullständiga lagstiftande befogenheter, vars ledamöter väljs genom allmän rösträtt".

På liknande sätt skulle en UNPA som är öppen för alla medlemsländer vara ett första steg mot att överbrygga klyftan mellan demokratiska och odemokratiska stater, varigenom en demokratiskt legitimerad världsordning kan byggas i takt med att demokratiseringen fortskrider.

---

[110] Faktum är att alla AU:s medlemmar nu har ratificerat det relevanta protokollet och blivit medlemmar.

Sambandet mellan legitimitet och befogenheter

De möjliga negativa effekterna av UNPA-delegater som är nära förknippade med regeringar som uppvisar underskott av demokrati och rättsstatsprinciper ska ses i ljuset av organets initiala befogenheter som mestadels är begränsade till rådgivande funktioner. Församlingen har varken mandat att ingripa i nationell lagstiftning eller utforma bindande internationella förordningar. I början skulle församlingens arbete endast omfatta att följa och granska global politik och dess genomförande - vilket, under de nuvarande förhållandena, kräver att stater arbetar tillsammans för att uppnå gemensamma mål, trots deras olika regeringsformer. I en UNPA:s fortsatta utveckling måste all överföring av betydande befogenheter åtföljas av en förstärkning av dess demokratiska legitimitet. I detta avseende kan "direkta val av UNPA:ns delegater" ses som en förutsättning "för att utrusta organet med lagstiftande mandat".[111]

Slutsats

Det finns goda argument för att villkora tillträdet till en UNPA med krav på en mininivå av demokratiska principer, även om stora praktiska problem måste övervinnas när det gäller genomförandet. Men när allt vägs samman kommer vi till slutsatsen att en öppen, inkluderande och universell ansats bäst tjänar syftet med en global parlamentarisk församling för mänskligheten som har kopplingar till FN och som hanterar globala utmaningar. Vi föreslår dock att de få stater som antingen inte har något parlament alls eller ett parlament som är oskiljbart från den verkställande makten inte ska kunna delta i en UNPA.[112]

3.5. Att hantera enväldshärskare och nationalistiska perspektiv

Enligt de modeller för platsfördelning som vi kommer att beskriva ingående i kapitel 5 skulle majoriteten i församlingen för närvarande utgöras av delegater från representativa demokratier och pro-demokratiska krafter från övergångsländer. I ingen av modellerna skulle mer än en tredjedel av platserna innehas av parlamentariker från länder klassificerade som ofria.[113] De ofria länderna kan dock inte dras över en kam; det finns också pro-demokra-

---

[111] CUNPA, 2007b.

[112] De kvarvarande sex absoluta monarkierna som är medlemmar i FN är särskilt problematiska.

[113] Se scenarier för fördelning av platser, kap 5.

tiska grupper i många av dessa länder, om än inte i alla. Dessa slutsatser stödjer förhoppningen att en UNPA med universellt medlemskap kan fungera framgångsrikt som ett demokratiskt organ och till förmån för global demokratisering.

Dessutom finns det anledning att hoppas att den anti-demokratiska vågen som har präglat världen under de senaste tio åren kommer att ebba ut under överskådlig framtid och att en global trend mot ökad demokrati kommer att återupptas. Den breda acceptansen av demokratiska regeringsformer såväl som grundläggande mänskliga rättigheter och friheter bland världens befolkning är orubblig. Med tanke på denna värdegrund framstår det troligt att människor återigen kommer att kräva sin grundläggande rätt till demokrati mer kraftfullt och framgångsrikt i framtiden. En annan ljuspunkt i detta sammanhang är de nya rörelser som utvecklats över hela världen som har åtagit sig att förverkliga grundläggande mänskliga rättigheter och friheter. De utmanar de reaktionära, exklusiva och anti-demokratiska krafterna och avslöjar deras omänskliga ideologier. Om de i allt högre grad samarbetar över nationsgränser kan de stödja varandra bättre och därmed utöka sitt globala inflytande. En UNPA skulle kunna främja, sammankoppla och stärka denna strävan på många sätt.

Engagemang för mänskliga rättigheter

Det kan inte uteslutas, utan är snarare sannolikt, att delegater i en UNPA skulle agera å deras regeringars vägnar eller som lobbyister, att de skulle företräda nationella särintressen snarare än allmänintresset eller att de rent av skulle försöka använda den plattform som är avsedd att skydda global demokrati, rättsstatsprincipen och transnationellt samarbete för att avskaffa just dessa normer. Vi tror dock att en UNPA kan utformas på ett sätt som skapar mycket ogynnsamma förutsättningar för sådana försök. Först och främst bör de konstituerande stadgarna ta entydigt ställning för FN-stadgans och UDHR:s grundläggande principer om mänskliga rättigheter. UNPA-delegaternas arbete skulle bedömas utifrån dessa grundläggande värden.

Betydelsen av en parlamentarisk arbetsordning

En UNPA är tänkt att fungera som en församling av demokratiskt valda representanter för folket, som förhandlar oberoende, fattar beslut grundade på fakta och samvete och inte är ansvariga gentemot sina ursprungsländer eller deras regeringar, utan gentemot mänskligheten som en helhet. Enligt stadgarna ska de ha mandat och skyldighet att ta hänsyn till hela världssamhällets intressen, att utveckla sin politik ur ett globalt perspektiv och att främja mänsklighetens enhet.

Mot denna bakgrund är det inte osannolikt att delegater som förespråkar populistiska och nationalistiska åsikter eller auktoritära värderingar i en UNPA kommer att undergräva sin egen trovärdighet. De måste lägga fram sina argument inom ramen för parlamentets praxis och förfaranden. Till skillnad från regeringsrepresentanter i ett mellanstatligt organ kan de inte bara hänvisa till vissa positioner i deras land. De måste motivera sina åsikter med hänvisning till allmänintressen och presentera dem i en allmän och öppen debatt. De skulle utsättas för motargument från andra parlamentariker och behöva acceptera kompromisser, anpassa sina ståndpunkter och integrera sig i politiska grupper för att främja sina åsikter i en UNPA. Det är också möjligt att vissa delegater initialt kan agera lojala talespersoner för sin regering, men med tiden bli förespråkare för UNPA:ns perspektiv i sina respektive hemländer.[114]

Oberoende utövande av mandatet

Vidare kan enskilda delegaters oberoende utövande av sitt UNPA-mandat uppmuntras genom att en sund arbetsordning etableras. För att undvika uppenbara intressekonflikter bör inte delegater som innehar en position i en regering eller tillhör en nationell eller internationell statsförvaltning kunna vara UNPA-delegater samtidigt. Liknande krav kan övervägas för dem som innehar positioner i känsliga företag eller föreningar.

Dessutom bör det fastställas att UNPA-delegater, så länge deras ordinarie mandatperiod pågår, inte får avsättas från sitt uppdrag av institutioner i deras land, såsom regeringen, parlamentet eller deras parlamentariska grupp. Om de blivit vederbörligen valda och antagna måste deras platser vara säkrade under hela mandatperioden. Nationellt åtal mot UNPA-ledamöter eller begränsningar av deras frihet bör endast tillåtas med församlingens samtycke efter prövning av en granskningskommitté och votering i plenum.

Ytterligare sätt är att låta vissa omröstningar i församlingen ske i hemlighet, vilket avsevärt skulle begränsa autokratiska regeringars förmåga att kontrollera och sanktionera hur enskilda delegater röstar. Å andra sidan skulle en sådan åtgärd försämra församlingens transparens och försvaga UNPA-delegaters relation till medborgarna. Det skulle då knappast vara möjligt att hålla

---

[114] Heinrich, 2011, s. 34.

delegater ansvariga för hur de röstar. Detta kan behöva avgöras från fall till fall.

Regler mot lobbyverksamhet och korruption

Tillförlitliga bestämmelser mot icke-transparent lobbyverksamhet och korruption bör finnas. Medan intressegruppers påverkan på valda politiker - ofta via politiska konsultföretag - i princip kan anses vara legitim även med avseende på globala politiska processer, bör det också offentliggöras i möjligaste mån. I likhet med EU-kommissionens och EP:s bestämmelser bör en UNPA skapa ett öppenhetsregister som listar alla företrädare för intressegrupper som vill komma i kontakt med UNPA-delegater eller deras personal. I detta sammanhang skulle en uppförandekod för lobbyister och parlamentariker kunna upprättas. Dessutom bör delegater också vara skyldiga att offentliggöra andra anställningar och inkomstkällor. Det kan också begäras att de avslöjar alla virtuella möten med lobbyister, efter exemplet med en förordning som antogs av EP 2019.[115]

Utöver en verifierbar uppförandekod bör andra åtgärder mot korruption inkludera inrättande av en oberoende utredningskommission som är kopplad till UNPA:n. Ett sådant organ inrättades tillfälligt av PACE 2017 efter att anklagelser om mutor hade riktats mot olika ledamöter.[116] För en UNPA kan det snarare vara ett permanent institution. Dessutom bör det fastställas regler kring finansiering av kampanjer och politisk påverkan för att säkerställa att politiskt inflytande inte kan köpas.

3.6. Betydelsen av transnationella grupper

UNPA:ns demokratiska karaktär är strukturellt och principiellt kopplad till dess förmåga att företräda de nationella parlamentens politiska spektrum vid indirekta val, och vid direkta val att representera folkviljan. I mellanstatliga institutioner representerar delegaterna vanligtvis endast sittande regeringar. I en UNPA, däremot, ska även oppositionspartier representeras, vilket innebär att oppositionen och ett bredare politiskt spektrum får en röst.

Generellt sett kommer delegater från ett visst land som tillhör olika politiska läger inte bara att ha skilda uppfattningar om grundläggande mål, utan också om vad deras "nationella intresse" innebär. Minoriteter kan antingen representeras direkt av parlamentariker i en UNPA. De kan även välja att

---

[115] EP, 2019a.
[116] Council of Europe, 2018.

samarbeta med sympatiserande ledamöter och grupper för att därigenom bli delaktiga i den globala nivån. Eventuella försök från delegater att hävda att en viss linje är deras lands enda vilja kommer därför sannolikt att uppfattas som ogrundade.

Den kosmopolitisk-demokratiska karaktären hos en UNPA är avhängig ett arbetssätt och en debattkultur som är transnationell. Även om delegater med samma nationalitet kan komma att rösta på samma sätt i vissa fall förväntas det - och krävs - av delegaterna att de bildar transnationella politiska grupper med gemensam politisk övertygelse och världssyn, liknande parlamentarikerna i EP eller PACE, istället för att organiseras i nationella delegationer. Sådana organisatoriska processer kan stödjas och främjas med en lämplig arbetsordning i en UNPA.

UNPA-stadgarna bör ge transnationella grupper en central position i församlingens processer och förfaranden. Dessa grupper kan få ekonomiskt stöd och viktiga processuella rättigheter som liknar dem i EP, såsom representation i utskott eller befogenheten att lägga fram förslag till resolutioner. Antalet platser som tilldelas en grupp i ett utskott bör i princip bero på dess andel av platserna i kammaren.

Krav för bildande av grupper

Jämfört med EP kommer delegaterna i en UNPA att representera en större variation av politiska åsikter, partier och grupperingar. Därför kommer sannolikt också fler grupper bildas. Dessutom kan ett stort antal oberoende delegater förväntas. Dessa ledamöter bör inte marginaliseras genom det föreslagna fokuset på gruppernas procedurmässiga rättigheter. I vilket fall bör grunden för erkännandet av en grupp vara att dess ledamöter måste komma från ett visst antal stater som ett minimum. Sedan 2009 föreskriver EP:s arbetsordning att minst 25 ledamöter från minst en fjärdedel av EU:s medlemsländer krävs för att bilda en politisk grupp. En PACE-grupp måste innehålla 28 delegater från åtta länder.

I en UNPA, däremot, kommer grupper kännetecknas inte bara av en transnationell utan också av en global karaktär. Deras medlemskap måste således även inkludera delegater från ett visst antal världsregioner. I detta sammanhang skulle medlemsländerna kunna delas upp i världsregioner som skiljer sig från FN:s nuvarande inofficiella geopolitiska grupper (där till exempel staterna i Nordamerika bildar en grupp med de i Västeuropa och Australien).

UNPA:ns föreskrifter bör dessutom säkerställa att endast grupper som har en gemensam ideologisk inriktning och som faktiskt arbetar tillsammans får status som en grupp. Bildandet av "blandade" eller "tekniska" grupper eller enskilda delegater som försöker vinna fördelarna med denna status utan att samarbeta för gemensamma mål är oförenligt med målet att främja transnationellt arbete.

I EP bildades initialt sådana grupper flera gånger, men en dom från EU-domstolen 2001 motsatte sig denna praxis. Den "Tekniska gruppen av oberoende" som då fanns tvingades upplösas.[117] Men i allmänhet kontrollerar inte EP:s presidium om ledamöterna i en grupp verkligen har en gemensam politisk inriktning.[118] När det gäller de tekniska grupperna var dock denna avsaknad så uppenbar.[119]

Att hantera pseudogrupper

Frågan om pseudogrupper är viktig för EP och med tanke på den större mångfalden av politiska åsikter är den ännu viktigare för en UNPA. Det kan därför vara tillrådligt att ett kompetent organ, såsom presidiet eller ett särskilt utskott, rutinmässigt utvärderar bildandet av politiska grupper och granskar dem över tid. I detta sammanhang behöver det även diskuteras om delegater vars politiska avsikter strider mot målen för en UNPA alls ska få bilda grupper. Bör till exempel grupper som har som mål att hindra UNPA:ns arbete eller till och med upplösa församlingen vara tillåtna? Bör det vara möjligt att grupper som öppet motsätter sig demokratiska principer och mänskliga rättigheter verkar i en UNPA? Som vi ser det måste delegaterna individuellt ansluta sig till dessa principer liksom till UNPA:ns stadgar. Detsamma bör även gälla för grupper.

I arbetsordningen för PACE föreskrivs att nybildade politiska grupper måste erkännas av församlingens presidium.[120] De berörda ledamöterna ska ange sina gemensamma mål och uttryckligen förklara att de har en gemensam ideologisk och politisk inriktning. De är också skyldiga att främja och respektera Europarådets värderingar, särskilt politisk pluralism, mänskliga rättigheter och rättsstatsprincipen i deras stadga och verksamhet.[121] Med hänvisning till denna bestämmelse stoppades under 2019 det planerade bildandet av en ny grupp högernationalister och populister.[122]

---

[117] European Court of Justice, 2001.

[118] Se artikel 30 i EP:s 2009 arbetsordning (Rules of Procedure).

[119] När det gäller EP se även Leinen, 2019.

[120] Se artikel 19 i Församlingens arbetsordning från maj 2019.

[121] Ibid., artikel 19(1).

[122] AFP, 2019.

Om bestämmelserna kring att bilda grupper i en UNPA skulle utformas utifrån samma principer, skulle det bidra till en viss resiliens i upprätthållandet av institutionens grundläggande principer, även om delegater från alla FN:s medlemsländer deltar. Behörigheten måste dock regleras på ett öppet och övertygande sätt för att förhindra eventuella missbruk.

Reglerna för PACE kan också tjäna som ett lärorikt exempel på hur oberoende delegater kan engagera sig. Oavsett medlemskap i politisk grupp borde varje delegat till exempel kunna föreslå utkast till resolutioner. Om en sådan resolution stöds av ett visst antal andra delegater, kan presidiet besluta om att överlämna det till det ansvariga utskottet för vidare samråd.

Globala partier och transnationella listor

Erfarenheten i EU tyder på att när politiska grupper ges en viktig roll i en UNPA kommer ett starkare samarbete mellan ideologiskt närstående nationella partier växa fram inom ramen för internationella paraplyorganisationer, något som på sikt främjar uppkomsten av globala partier. Det kan förväntas att globala organisationer och nätverk som Centrist Democrat International, Global Greens, Liberal International, Progressive Alliance eller Socialist International kommer att samarbeta med likasinnade grupper i en UNPA. I detta sammanhang är det intressant att två världskongresser för Global Greens[123] såväl som Liberal International,[124] Pirate Parties International[125] och Socialist International[126] redan har uttryckt stöd för inrättandet av en UNPA.

Etableringen av globala partier inom och utanför en UNPA behöver inte nödvändigtvis medföra att transnationella vallistor införs till en början. Att genomföra val inom ramen för befintliga stater har två stora fördelar. För det första är kandidaterna mer eller mindre bekanta med situationen i sina respektive länder. För det andra är de kända för väljarna eller har en realistisk chans att uppnå en offentlig profil genom sin valkampanj. Under överskådlig framtid kommer dessa allmänna villkor troligen att förbli grundläggande förutsättningar för att säkerställa ett verkligt intresse hos befolkningen i de globala valen och för deras band till det globala parlamentet. Slutligen är det relativt enkelt att genomföra valen i befintliga stater och det är således en pragmatisk och realistisk strategi, åtminstone till en början. Transnationella listor skulle utgöra ett svårt politiskt och tekniskt hinder för inrättandet av en

---

[123] Global Greens, 2008 och 2012.
[124] Liberal International, 2005.
[125] Pirate Parties International, 2013.
[126] Socialist International, 2003 och 2005.

UNPA. Inte ens för ett begränsat antal platser i EP har en överenskommelse till förmån för transnationella listor ännu kunnat nås.

Skillnader jämfört med nationella parlament

När det gäller en UNPA:s demokratiska karaktär är det viktigt att se skillnaderna mellan ett överstatligt och ett nationellt parlament. Som exemplet med EP illustrerar saknar ett överstatligt parlament en tydlig politisk konfrontation mellan regeringsgrupper och oppositionspartier, även om dominerande politiska grupper eller koalitioner naturligtvis framträder. Detta minskar trycket att följa partipiskan och möjliggör större oberoende och politiskt handlingsutrymme för både delegater och politiska grupper. Parlamentsledamöter kan rösta mer fritt enligt egen övertygelser och fakta om situationen snarare än att följa en utstakad politisk agenda. Det röstbeteende som kan observeras i EP bekräftar denna förväntan i det att majoriteten ofta förändras beroende på ämnet för omröstningen. Av samma skäl bör en UNPA utveckla en transnationell struktur som frikopplas från politiska begränsningar, som främjar en oberoende hantering av sakfrågor, som drar nytta av en öppen diskussion och som lägger stor vikt vid fakta och övertygande argument.

Ett steg mot kosmopolitisk demokrati

De valda UNPA-ledamöternas egen indelning i institutionaliserade parlamentariska grupper utgör ett viktigt konkret steg mot en aktiv kosmopolitisk demokrati. När det gäller EU betonar artikel 10 i EU-fördraget vikten av politiska partier på europeisk nivå, som bidrar "till att skapa ett europeiskt politiskt medvetande och till att uttrycka unionsmedborgarnas vilja". En liknande utveckling kan också förväntas när det gäller en parlamentarisk församling inom FN.

Mot bakgrund av övervägandena och rekommendationerna i detta kapitel anser vi att det är motiverat att anta inte bara att en UNPA kan fungera framgångsrikt enligt de grundläggande demokratiska principerna, utan att den också kan fungera som en motor för global demokratisering. Denna uppfattning stöds av det övervägande antalet av demokratiska system globalt och av det breda stödet för demokrati bland världsbefolkningen. Det understöds också av de grundläggande moraliska värderingar, det anseende, den specifika karaktären i dess arbetsordning och av möjligheterna till politisk påverkan som kan förväntas från en församling som är så demokratiskt legitimerad och representativ som möjligt, men ändå universellt orienterad. Om demokratiska principer dessutom fortsätter att spridas i världen kommer UNPA:ns demokratiska karaktär fördjupas allt mer.

4. Förfarandet för val av delegater

4.1. Val av delegater via parlamenten eller allmänna val

Nationalstaterna som utgångspunkt

I enlighet med parlamentarisk tradition bör ledamöterna i en UNPA ha tydlig demokratisk legitimitet. De behöver kunna betraktas som fria och inte vara bundna av instruktioner i utövandet av sitt mandat.[127] Så länge allmänna och fria val inte är genomförbara världen över, är nationalstater det mest uppenbara sammanhang i vilket demokratisk legitimitet upprättas och valprocesser äger rum.[128] Tre grundläggande alternativ diskuteras i detta avseende:

1. Ledamöterna väljs inifrån nationella parlament eller från politiska grupper som bildats däri.

2. Nationella parlament eller politiska grupper som bildats däri fungerar som valkollegier och väljer representanter från hela befolkningen.

3. Ledamöterna väljs direkt av medborgarna i ursprungslandet i fria, hemliga och rättvisa val.

Ledamöterna väljs inifrån parlamenten

Att nationella parlament utser ledamöter till en UNPA representerar en tekniskt enkel process och är en väletablerad praxis bland befintliga parlamentariska församlingar. Förfarandet innebär ingen större byråkratisk börda eller motsvarande kostnader, och skulle från början vara möjligt att genomföra i alla FN:s medlemsländer enligt universella regler. En variant, som vi kommer att diskutera senare, består i att delegaterna inte väljs av hela parlamentet, utan direkt av respektive politiska grupper i enlighet med det antal platser som tilldelats var och en av dem.

I vissa länder består den lagstiftande makten av två kamrar, vanligtvis en direktvald kammare som representerar medborgare och en annan kammare

---

[127] Jfr Heinrich 2011, s. 11.

[128] Monbiot, 2004, s. 100.

som representerar delstater.[129] I sådana fall kan det vara principiellt lämpligt om delegater till en UNPA väljs av kammaren som representerar medborgarna. Detta skulle göra urvalsprocessen enklare och mer i linje med de procedurer som tillämpas i enkammarsystem. Ett införlivande av kammaren för delstaterna skulle komplicera förfarandet, men behöver inte uteslutas. Under förutsättning att detta tjänar till att återspegla de politiska krafter som finns hos den lagstiftande makten så exakt som möjligt, kan det lämnas till medlemsstaterna själva om och hur de vill inkludera båda kamrarna vid urvalet av sina UNPA-ledamöter.

I vilket fall som helst är detta förfarande baserat på antagandet att de valda UNPA-ledamöterna kommer att förbli ledamöter också i sina respektive parlament. En fördel med detta dubbla medlemskap är den permanenta länken det skulle skapa mellan UNPA:n och de nationella parlamenten. På så sätt kan åsikter från de enskilda parlamenten integreras i den globala parlamentariska församlingens arbete på ett enkelt sätt och vice versa. Dessutom verkar fastställandet av gemensamma arbetsnivåer i politiska frågor vara möjligt på ett enkelt sätt. Det dubbla mandatet kan också vara till hjälp för att öka det stöd i nationalstaterna som är nödvändigt för vidareutvecklingen av församlingen. Erfarenheten av att vara FN-parlamentariker "kommer att inspirera många av dessa politiker att komma hem som förespråkare för FN, inklusive behovet av att stärka och demokratisera själva den parlamentariska församlingen inom FN", som Dieter Heinrich uttryckte det.[130]

Dessa fördelar kommer emellertid till priset av att de nationella parlamentarikerna bara kan ägna en liten del av sin tid åt UNPA-frågor. Det kan inte heller förnekas att ett urval som utförs av enskilda parlament inte representerar en idealisk lösning när det gäller demokratisk teori. Denna metod genererar bara en indirekt legitimering från befolkningen och resulterar i ett större avstånd från medborgarna. Problemet kan vara ännu mer relevant vad gäller länder vars parlamentariska system är svaga. I vilket fall som helst skulle det förbli en ständig utmaning att övertyga befolkningen om att dessa parlamentariska val är relevanta för dem.

När det gäller hur detta valförfarande går till, föreslår vi att ledamöterna i en UNPA ska väljas av de politiska grupper som är representerade i parlamenten eller av allianser som bildats specifikt för detta ändamål. Det möjliga alternativet av ett gemensamt val av hela parlamentets plenum skulle ha den

---

[129] Liksom det tyska förbundsrådet, den amerikanska senaten eller det indiska Rajya Sabha (vanligtvis kallat "överhuset").

[130] Heinrich, 2010, s. 24.

uppenbara nackdelen att det styrande partiet inte bara kunde bestämma valet av sina egna UNPA-ledamöter utan också påverka valet av oppositionens representanter. Partierna eller grupperingarna bör kunna agera självständigt. Om valet av UNPA-ledamöter istället inrättas på så vis att parlamenten utser ledamöter från den allmänna befolkningen, kan partierna eller partisammanslutningar fungera som autonoma valkollegier. Vid direktval av delegater från befolkningen skulle de upprätta vallistorna.

Parlamenten väljer ledamöter ur befolkningen

Istället för att de väljs ur parlamenten är en annan möjlighet att parlamenten utser UNPA-ledamöterna från den allmänna befolkningen i deras land. Hittills har detta tillvägagångssätt haft liten betydelse i sammansättningen av IPI:er. Ett undantag är Östafrikanska lagstiftande gemenskapen (EALA). Ledamöterna i EALA väljs på detta sätt av parlamenten i gemenskapens sex medlemsländer under förutsättning att de politiska partiernas respektive representation återspeglas på bästa möjliga sätt.[131] Detta förfarande kommer också att tillämpas vid valet av ledamöterna till PAP när Malabo-protokollet 2014 får det nödvändiga antalet ratificeringar.[132]

Fördelarna för en UNPA med ett sådant förfarande skulle vara möjligheten till en mångfaldig representation från respektive samhälle, medverkan av kända personligheter från olika områden, och att de utvalda personerna helt och hållet kunde ägna sig åt sina uppgifter som UNPA-ledamöter. Det innebär emellertid också att det blir nödvändigt att betala lämpliga ersättningar, medan det för delegater som valts bland parlamentsledamöter kan antas att deras UNPA-relaterade verksamhet till stor del täcks av ersättningen enligt deras nationella mandat. På grund av de ökade kostnaderna, verkar chanserna att förverkliga denna strategi relativt små i den givna politiska verkligheten.

Dessutom kan det uppstå tvivel om förfarandets demokratiska legitimitet och öppenhet. Urvalet av delegaterna skulle kunna vara för långt bort från respektive politiska landskap i ett visst land, vilket skulle göra att det inte framstår som vare sig transparent eller representativt. I synnerhet uppstår frågan om kriterierna utifrån vilka kandidaterna skulle väljas och vilka samhällspositioner som skulle representeras av varje kandidat. Nödvändigheten att utse

---

[131] Se artikel 50(1), Treaty for the Establishment of the East African Community.
[132] Se artikel 5.1a i Afrikanska unionen, 2014.

delegaterna enligt parlamentets politiska sammansättning, såsom är föreskrivet för EALA och i Malabo-protokollet, verkar därför vara ett oumbärligt inslag i denna valmetod om den skulle övervägas för en UNPA.

Denna metod för indirekta val innebär också att kandidater, till skillnad från direkt valda parlamentsledamöter och nationella parlamentariker, inte behöver driva en allmän valkampanj, utan behöver bara övertyga det aktuella parlamentet. De åtnjuter alltså endast begränsad legitimitet. Åtminstone bör det finnas offentliga utfrågningar och flera kandidater per plats.

Om länderna inte skulle kunna komma överens om allmänna, begripliga och verifierbara förfaranden för att välja bland befolkningen, skulle det finnas en fortsatt osäkerhet om församlingsledamöterna faktiskt representerar sitt lands befolkning och de politiska strömningar som finns där, eller om de framförallt representerar vissa intressen som förespråkas av partier eller andra sammanslutningar. Det är en grundläggande parlamentarisk princip att valet fastställer politiska prioriteringar, och denna princip skulle undergrävas om sådana prioriteringar inte återspeglas i sammansättningen av en UNPA.

Allmänna val

Bästa möjliga demokratiska legitimitet skulle uppnås om UNPA-ledamöter väljs direkt av befolkningen i fria, hemliga och direkta val. Folkets engagemang för UNPA:n och allmänhetens kännedom om dess verksamhet skulle vara mycket högre än i de tillvägagångssätt som beskrivits tidigare. Medborgare i respektive länder skulle uppmanas att fatta sina egna beslut med jämna mellanrum. De kunde aktivt överväga de kandidater som ställer upp till val, reflektera över globala frågor och politiska ståndpunkter och därmed delta i en allmän offentlig diskussion. På detta sätt skulle de kunna välja de kandidater som de anser vara mest lämpliga utifrån sin egen politiska vilja, och de skulle också kunna dra tillbaka mandatet i samband med kommande val. De valda individerna skulle kunna ägna hela sin arbetstid till UNPA:n och tillhandahålla en mängd tjänster på global nivå. Eftersom de skulle ha fått denna position i konkurrens med andra, kan de förväntas uppvisa övertygelse och engagemang.

Särskild vikt kan tillskrivas de offentliga debatter som kan förväntas i upptakten till valet. Medan periodiska val till UNPA:n i parlamentet lätt skulle riskera att drunkna som uppgifter bland många andra, skulle ett folkligt val väcka mycket större uppmärksamhet. Det skulle finnas politiska uttalanden, offentliga evenemang och intresse från media. Globala utmaningar och UNPA:ns ansträngningar att hantera dem skulle diskuteras. Allmänheten skulle lära sig om de konkreta effekterna som globaliseringen har på vardagen för enskilda individer. Samtidigt kan intrycket av maktlöshet när det gäller denna utveckling konfronteras.

Genom allmänna val till en UNPA skulle världens människor för första gången vara direkt involverade i beslutsfattande på global nivå och i utformningen av den globala politiken. En global medborgerlig ansvarskänsla och ett globalt medborgarskap skulle kunna växa i styrka i samhällets mitt och i dess kölvatten skulle en starkare dynamik för förändring på global nivå kunna utvecklas.

4.2. Parlamentariskt urval som minimivillkor

Direktval av UNPA-delegater är den bästa metoden för att uppfylla grundläggande parlamentariska och demokratiska principer. Med tanke på demokratisk legitimitet och delegaternas förmåga att koncentrera sig på sitt globala mandat är direkta val den bästa grunden för att tilldela församlingen viktiga funktioner och uppgifter samt att främja en stödjande politisk kultur i medlemsländerna.

Trots det verkar det inte tillrådligt att göra direktval till en förutsättning för deltagande från början. Vid denna tidpunkt skulle en sådan ambition drastiskt kunna minska acceptansen av projektet bland regeringarna och därmed dess chanser att förverkligas. Regeringar kan initialt avskräckas av den logistiska insatsen och kostnaden för direktval. För politiker som avvisar en parlamentarisering av FN av ideologiska och andra skäl, kan de förmodade höga kostnaderna också erbjuda en välkommen förevändning för att blockera en UNPA.

I en global politisk situation, där man för det mesta bara kan förvänta sig en begränsad förändringsvilja, är det en stor fördel att tillämpa en realistisk strategi som bygger på väl etablerad politisk praxis och som kan genomföras omedelbart utan större ansträngningar. Om en UNPA väl lyckats inrättas kommer den också att bana väg för ytterligare steg framåt i ett senare skede.

Förfarandet med ett parlamentariskt urval av delegater som ett minimivillkor för deltagande är en väg som omgående är möjlig för alla stater. Medan detta utesluter att representanter helt enkelt utses av regeringschefen eller av andra icke-parlamentariska institutioner, så eliminerar det inte möjligheten för enskilda länder att på eget initiativ tillämpa en högre demokratisk standard.

Urval genom parlament motsvarar en väletablerad praxis när det gäller sammansättningen av internationella parlamentariska församlingar och andra IPI:er. Även om denna metod inte förverkligar den demokratiska ambitionen med direktval på internationell nivå, är den ändå baserad på deltagande av valda representanter. I förfarandet beaktas ofta befolkningsstorleken och de deltagande staternas politiska tyngd, och i vissa fall, som i PACE-fallet, tas också hänsyn till de politiska partiernas representation i respektive parlament. Den UNPA-modell som bygger på exemplet med välutvecklade parlamentariska församlingar kombinerar politisk genomförbarhet med en legitimitetsnivå som är tillräcklig för ett första steg. Den lägger också grunden för en gradvis övergång till direktval.

4.3. Att gå mot direktval: en UNPA i två hastigheter

För att gå från parlamentariska till direkta val är två övergångsstrategier tänkbara. En möjlighet är upprättandet av tydligt separerade utvecklingsstadier med väsentligen samma valförfarande för alla stater. Här skulle valet av delegater initialt kunna genomföras av parlamenten på ett enhetligt sätt, vilket skulle resultera i en UNPA av nationella parlamentariker. Efter en övergångsperiod skulle direkta val kunna bli obligatoriska för alla medlemsstater i en andra utvecklingsfas. Ett annat alternativ skulle vara att staterna själva beslutar inom ramen för gemensamma regler när de gör övergången från parlamentsval till direktval, vilket skulle resultera i en UNPA i två hastigheter. Slutligen skulle båda metoderna också kunna kombineras genom att sätta en tidsfrist för när en övergång till direktval borde vara genomförd.

Exemplet med EP och direktval till en UNPA

Ett intressant exempel på den första metoden är hur valet till EP har utvecklats. Föregångaren till EP var en parlamentarisk församling som tillsattes som ett tillsynsorgan för Europeiska kol- och stålunionen (EKSG), som grundades 1951. Med Romfördragen 1958 blev det den gemensamma församlingen för de tre Europeiska gemenskaperna (EKSG, EEG och Euratom). Redan i grundfördragen stadgades att ledamöterna i detta organ från början skulle utses av de nationella parlamenten, men senare väljas genom direkta allmänna val. Denna övergång gjordes bindande för alla medlemsstater genom en rättsakt från ministerrådet 1976. Det första direktvalet till parlamentet ägde rum 1979.

Det stora steget mot direktval följdes av ett antal andra reformsteg, vilket inte bara utvidgade EP:s befogenheter utan också ytterligare befäste den demokratiska karaktären på de överstatliga valen. I Maastrichtfördraget 1992 enades staterna om att valet till EP måste följa ett enhetligt förfarande. Under

2002 fastställdes, utöver principen om proportionell representation, att nationella och europeiska mandat var oförenliga, för att på så sätt säkerställa att alla ledamöter skulle kunna koncentrera sig fullt ut på sitt arbete på europeisk nivå. Slutligen gjorde Lissabonfördraget 2009 valen till EP till en grundläggande rättighet för EU med kravet på "allmänna, direkta, fria och hemliga val".[133]

Antagandet om en jämförbar utveckling av valprocessen till en UNPA innebär emellertid ett antal problem. I Europeiska gemenskapen behövde beslutet att införa direktval baseras på ett enhälligt beslut av ministerrådet, vilket skedde först efter 18 år av kontinuerlig politisk kamp. På den tiden hade EEG efter den första utvidgningen bara nio medlemsländer. På världsnivå måste emellertid både ett mycket större antal stater och en mycket större mångfald av politiska system beaktas. Om upprättandet av ett allmänt samförstånd bland regeringarna skulle ställas upp som en förutsättning för ett allmänt och samtidigt införande av direktval, skulle en UNPA riskera att cementeras som en församling av nationella parlamentariker under överskådlig framtid och dess vidare demokratiska utveckling skulle blockeras.

Vägen via ett kvalificerat majoritetsbeslut av stater eller av själva UNPA:n är, om det är bindande för minoriteten, inte mer lovande. Det är tveksamt i vilken utsträckning vissa regeringar skulle vara villiga att underkasta sig ett sådant majoritetsbeslut i denna viktiga fråga, som potentiellt också skulle påverka deras inhemska politik och arrangemang. Förutom kostnadsöverväganden kan också olika politiska och konstitutionella skäl göra det olämpligt för regeringar att vid en bestämd tidpunkt ta ett sådant steg. I stället för att införa direktval mot sin vilja, skulle regeringarna troligtvis välja alternativet att i detta fall avsluta sitt deltagande i organet. Även ett försök att införa ett enhetligt övergångsförfarande baserat på majoritetsröstning i UNPA-stadgan eller genom ett senare beslut kan därför vara svårt.

En tvåfasmodell skulle vara mycket lättare att genomföra om staterna enades om att inkludera en undantagsklausul i ett majoritetsbeslut om att införa direktval. I detta fall skulle ett stort antal stater kunna göra övergången tillsammans, medan resten skulle kunna behålla indirekt urval av parlamenten.

En flexibel inställning rekommenderas

Vår rekommendation är en flexibel hållning till att börja med, där man överlåter åt varje stat att själv välja när den vill övergå till direkta val. Församlingen

---

[133] Artikel 39(2) i EU:s stadga om de grundläggande rättigheterna.

kan således inledningsvis bestå av nationella - och eventuellt regionala - parlamentariker, samtidigt som dess stadgar redan i det första skedet bör "tillåta de deltagande staterna att välja sina delegater genom direkta val om de så önskar".[134] Om stater beslutar att ge parlamentet möjlighet att välja delegater bland alla landets medborgare, bör detta betraktas som ytterligare en preliminär lösning i väntan på införandet av direktval. Trots de utmaningar som nämns ovan rekommenderar vi dock att målet med allmänna direktval i alla stater uttryckligen fastställs i stadgarna. I det här fallet kan en kompromiss vara att inte sätta någon tidsram för när denna övergång ska ske.

Andra villkor

Förutom direktval av UNPA-ledamöter kan även andra villkor för valet identifieras som stater och relevanta grupper kan välja att frivilligt genomföra för att till exempel uppnå full jämställdhet eller en lämplig representation av etniska grupper i multietniska stater. Som Joseph Schwartzberg med rätta föreslog borde en global parlamentarisk församling vara så inkluderande som möjligt.[135]

Det bör också påpekas att direktval till en UNPA framför allt skulle kunna organiseras i digital form i framtiden. Detta skulle kunna underlätta för väljarna och spara betydande kostnader. Denna möjlighet kräver emellertid ett förfarande som kan tillämpas i alla länder och som i synnerhet möjliggör en tydlig personlig identifiering, en säker och verifierbar rösträkning samt största möjliga skydd mot manipulation. Dessa förutsättningar kan för närvarande inte uppfyllas.

4.4. Valbestämmelsernas viktigaste delar

För att få till en smidig övergång från parlamentens val av UNPA-delegater till direkta allmänna val behövs en uppsättning regler som redan från början kan strukturera den fortsatta utvecklingen av UNPA:n. Ovisshet om eventuella senare förändringar bör undvikas. En mängd godtyckliga valmetoder och utvecklingstakter är inte heller önskvärt. Detta skulle försämra enhetligheten och transparensen i församlingen.

De grundläggande dokumenten bör innehålla omfattande valbestämmelser. Särskilt med tanke på övergången till direktval är det önskvärt att fastställa viktiga bestämmelser direkt, istället för att överlämna detta till framtida

---

[134] CUNPA, 2007b.
[135] Schwartzberg, 2013, s. 42f.

förhandlingar som kan visa sig bli svåra. Till exempel bör det från början fastställas att ett mandat som ledamot i UNPA:n, som erhålls genom direktval, är oförenligt med ett samtidigt mandat i ett annat parlament, en myndighet eller en hög position i offentlig tjänst.

När det gäller direktval är det viktigt att bestämma vilka enhetliga bestämmelser som ska tillämpas och vad som kan regleras av nationella regler. Val till EP regleras till exempel både av europeisk lag, som är bindande för alla medlemsländer, och av nationell lagstiftning, som kan variera från land till land. Det senare rör till exempel detaljer om valsystemet och fördelningen av valkretsar.

Proportionell representation

För att underlätta en övergång till direktval skulle stater kunna komma överens om ett allmänt system för proportionell representation i linje med valet till EP. Kandidaturer skulle således endast tillåtas via partilistor. De viktigaste argumenten för ett sådant tillvägagångssätt är de mål som ska kopplas till en UNPA, nämligen bästa möjliga representation av ett lands olika politiska strömningar och utvecklingen av ett transnationellt samarbete dem emellan. Enligt det koncept som presenteras här bör det bara finnas ett allmänt förfarande som är bindande för alla länder och möjliggör bästa möjliga representation av alla politiska krafter som företräds i ett parlament eller bland befolkningen utifrån deras respektive styrka. När det gäller indirekta val i parlamentet måste det fastställas ett sätt att säkerställa representationen för den parlamentariska oppositionen.

Tidpunkten för valet

Det är en grundläggande fråga huruvida direkta val kan äga rum samma dag, eller i nära anslutning, i samtliga FN:s medlemsländer där de har införts. Alternativet är en ständigt föränderlig sammansättning av delegater på grund av olika valdatum, som praktiseras i till exempel PAP enligt artikel 5.3 i grundprotokollet (även om dessa val inte är direkta val). I det här fallet är det upp till respektive stat att bestämma tidpunkten för valet, vilket innebär att delegater kontinuerligt tillträder och lämnar församlingen.

Den stora fördelen med detta förfarande är möjligheten att kombinera direktval till UNPA:n med nationella parlamentsval och därmed avsevärt minska valens kostnader. Detta skulle undanröja vad som antagligen är ett stort praktiskt hinder för införandet av direktval i många länder. Priset för detta är emellertid inte bara osynkroniserade mandatperioder utan också olika längd på parlamentsledamöternas mandat enligt de nationella lagstiftningsperioderna. Till exempel skulle vissa av UNPA:ns ledamöter få mandat i fyra år, medan andra kommer att sitta i fem år. Omvänt skulle det vara mer ansträngande att hålla direktval globalt vid ett gemensamt tillfälle, men samtidigt skulle ett världsval skapa mer kontinuitet och i större grad dra till sig allmänhetens uppmärksamhet. Inledningsvis anser vi att det av praktiska skäl är tillrådligt att kombinera valen till UNPA:n med val på nationell nivå efter medlemsstaternas bedömning.

Tillvägagångssättet att parallellt reglera villkoren för parlaments- och direktval redan från början skulle inte bara stärka den demokratiska makten i församlingen, utan också gynna dess förmåga att utvecklas gradvis. Stater kan när som helst gå framåt utan att komma i konflikt med de som är mindre benägna att göra så. Och i den utsträckning befolkningen i olika länder skulle kunna bli direkt involverad i valet till UNPA:n skulle trycket också öka på andra samhällen att ta det steget.

Könsbalans

Ett annat krav är att man skapar jämställdhet i representationen av kön. Vissa internationella institutioner har redan vidtagit åtgärder i denna fråga. Enligt artikel 4.2 i PAP-stadgarna måste till exempel minst en ledamot av fem vara kvinna i de enhetliga landdelegationerna. Så snart Malabo-protokollet om PAP-reformen, som antogs 2014, erhåller det nödvändiga antalet ratificeringar kommer detta antal att höjas till två i enlighet med artikel 4.3. Detta innebär att andelen kvinnor då kommer att ligga på minst 40%.

Vi rekommenderar att en allmän minimikvot på ungefär en tredjedel görs bindande för den första etappen av en UNPA, medan enskilda stater kan sätta egna, mer ambitiösa mål. I ytterligare steg bör man uppnå en ungefärlig jämlik fördelning mellan kvinnliga och manliga parlamentsledamöter.

Ansvaret för det konkreta genomförandet av en minimikvot skulle ligga hos de parlamentariska grupperna eller de politiska allianserna som bildas inför valet till en UNPA på grundval av det allmänna valförfarande som vi rekommenderar. Dessa måste vara direkt ansvariga för att säkerställa en lämplig andel män och kvinnor när det gäller val till en UNPA av de nationella parlamenten. Vid direktval måste detta krav beaktas vid upprättandet av vallistorna.

Även om genomförandet av en sådan kvot vid varje val verkar vara möjligt för stater med ett tillräckligt stort antal tilldelade UNPA-platser, är ett långsiktigt perspektiv och ett övervägande av rotationsförfaranden nödvändiga med hänsyn till de många små staterna.

Om till exempel bara två platser tilldelas en stat och om både regeringen och oppositionen är representerade i församlingen vid ett indirekt val till parlamentet uppstår ett praktiskt problem: Om regeringsgruppen till exempel väljer en manlig representant, skulle oppositionens representation automatiskt vara kvinnlig - och vice versa. Vidare måste det regleras vilken sida som har rätt till förstahandsval i denna fråga.

Detta problem kan lösas genom att de politiska grupperna kräver att förordningen genomförs under flera mandatperioder. I ovanstående exempel med en stat med två platser skulle både regeringen och oppositionsgrupperna endast få skicka en person av samma kön högst två gånger i rad, oberoende av den andra gruppen. Om å andra sidan direktval hölls i denna stat, skulle en minimikvot kunna genomföras i partilistorna vid varje val och befolkningen skulle få besluta.

En oberoende valkommission

Det korrekta genomförandet av valet till en UNPA bör förberedas, följas och övervakas av en oberoende valkommission som är särskilt inrättad för detta ändamål, och som också bör ges befogenhet att införa sanktioner. Tänkbara åtgärder skulle omfatta möjligheten till offentliga tillrättavisningar eller tillfälliga begränsningar av enskilda ledamöters eller vissa politiska gruppers parlamentariska arbete, till exempel att minska talartiden eller möjligheterna att delta i utskott. I allvarliga fall kan vissa delegater eller delegationer avvisas av kommissionen eller deras rösträtt upphävas. Av rättviseskäl får emellertid sådana åtgärder inte vidtas över hela linjen mot alla delegater från vissa länder, utan endast mot specifika enskilda ledamöter eller politiska grupper där förseelserna kan presenteras i konkreta termer.

5. Fördelningen av platser

En nyckelfråga som behöver förhandlas fram inför inrättandet av en UNPA gäller antalet representanter som kan sändas från varje land. Vid en utvärdering av möjliga modeller för fördelning av platser bör en övre gräns för det totala antalet delegater antas eftersom församlingen av praktiska skäl och dess effektivitet skulle påverkas negativt om antalet var för stort. Vi rekommenderar därför att ett högsta möjliga antal inte överstiger 1 000 ledamöter. Modellerna som vi har undersökt sträcker sig från cirka 700 till 800 delegater.

För att uppnå en ömsesidigt godtagbar balans mellan de deltagande medlemsstaterna i förhandlingarna om stadgarna, kan olika varianter av viktad representation övervägas som lösningar.[136] Tillämpningen av sådana modeller är ett försök att låta de enskilda ländernas demografiska tyngd återspeglas så rättvist som möjligt i antalet UNPA-platser som tilldelats dem, samtidigt som man undviker att mindre stater marginaliseras eller att stora stater missgynnas i för hög grad. Denna balans är inte möjlig utan att avvika något från den vägledande principen om allmän och lika rösträtt ("en person, en röst") som tillämpas vid parlamentsval i demokratiska stater. Principen om att varje röst väger lika tungt är dock önskvärd på längre sikt som modell för en framtida världsdemokrati. Med detta i åtanke skulle en viss grad av viktad platsfördelning inte vara en permanent lösning *ad infinitum*. Dessutom är det nödvändigt att varje återspegling av demografiska förhållanden lämnar utrymme för justeringar när dessa förhållanden förändras över tid. Joseph Schwartzberg har, i ett vidare framtidsperspektiv, påpekat att en global representation av världspopulationen från början kan presenteras som en evolutionär utveckling. För utvecklingen av en UNPA innefattar detta inte bara övergången från parlamentariska val till direktval, utan också övergången från en viktad platsfördelning till en modell som fullt ut överensstämmer med principen om allmän och lika rösträtt.[137]

---

136 För mer detaljer, se Bummel, 2010.
137 Schwartzberg, 2012 och 2013.

5.1. Ett enhetligt antal platser per land

Behovet av att börja med viktad representation, likt exempel från befintliga IPI:er som PACE eller EP, blir tydligt i ljuset av vilka möjliga former av renodlad representation som finns. En sådan renodlad representationsform kommer till uttryck i sammansättningen i FN:s generalförsamling, där medlemsstaterna beviljas en röst och en plats i enlighet med principen om "suverän jämlikhet". Detta innebär att Kina, den befolkningsrikaste medlemsstaten i FN med cirka 1,35 miljarder invånare, har samma vikt som Nauru, den minst befolkade staten med ungefär 9 000 invånare. På grund av det stora antalet länder med en liten befolkning - av de 193 FN-medlemsstaterna, har 105 mindre än tio miljoner invånare, cirka 80 har mindre än fem miljoner, och cirka 40 har mindre än en miljon - kan det förekomma en enorm snedvridning i röster inom generalförsamlingen när det gäller den befolkning som de anses representera. Således kan de 128 minsta medlemsstaterna teoretiskt få den 2/3 majoritet som krävs för viktiga beslut, även om endast cirka 8,4 procent av mänskligheten tillsammans befolkar dessa stater. Dessutom är de 65 minsta medlemsstaterna matematiskt sett tillräckligt starka för att blockera ett beslut med 2/3 majoritet, även om de representerar mindre än en procent av världens befolkning.[138]

Med tanke på denna obalans är det inte förvånande att generalförsamlingens resolutioner ofta antas i konsensus och i många fall endast åtnjuter liten respekt. Beslut med större praktiska konsekvenser genomförs istället via ett stort antal andra internationella forum. För en UNPA som representerar folket är ett system som enbart bygger på principen om staters suveräna jämlikhet inte lämpligt, bland annat för att detta i alltför hög grad strider mot principerna om allmän och lika rösträtt.

5.2. Direkt proportionalitet

Den andra renodlade formen är att fullt ut projicera den nationella demokratins princip om allmänna och lika val på UNPA:n och fördela antalet företrädare i direkt proportion till ett lands andel av världsbefolkningen. Då skulle 153 länder eller nästan 80 procent av FN:s medlemsstater ha tre eller färre platser vardera i en församling med 800 platser. Cirka 70 stater med mindre än fyra miljoner invånare vardera skulle inte kvalificera sig för någon plats. I den andra änden av skalan skulle Kina och Indien få 159 respektive 138 platser, vilket utgör sammanlagt 37 procent av delegaterna. Det är uppenbart att

---

[138] Se även Schwartzberg, 2013, s. 17.

en sådan dominans av ett fåtal länder, och där mer än en tredjedel av världens stater inte skulle vara representerade, inte är lämplig och inte kan accepteras med tanke på nationalstatens funktion som dominerande politisk enhet.

En internationell undersökning som genomfördes 2007[139] antyder att ett sådant tillvägagångssätt också har litet stöd i opinionen (se tabell 3). Undersökningen inkluderade frågan "Hur troligt skulle det vara att du gav ditt stöd åt ett globalt parlament, i vilket rösterna baserades på ländernas befolkningsstorlek och som kunde fatta bindande beslut?" Resultatet visade att det endast i 8 av de 15 länder som undersökningen omfattade fanns majoritetsstöd för ett sådant globalt parlament. Även om orsakerna till inställningen inte efterfrågades, kan man spekulera kring att de enorma skillnaderna i befolkningsstorlek och den därav resulterande fördelningen av platser var en del av bedömningen.[140]

Däremot framgår av en annan senare representativ undersökning (se tabell 4) att en majoritet i alla de åtta länderna i undersökningen stöder inrättandet av en överstatlig organisation som kan fatta bindande globala beslut för att bekämpa globala risker.[141] I det fallet behandlades inte frågan om röstfördelning.

5.3. Degressiv proportionalitet

I sina renodlade former leder kriterierna för å ena sidan jämlikhet mellan stater och å andra sidan jämlikhet mellan människor till en marginalisering av antingen stora eller små stater. För att balansera representationen av politiska enheter med stora skillnader i storlek i en gemensam institution kan principen om degressiv, dvs. minskande, proportionalitet tillämpas. Detta innebär att befolkningsrika stater i allmänhet tilldelas fler platser än mindre befolkade stater, men samtidigt att de senare tilldelas fler platser *per invånare* än de förra. Vi rekommenderar att denna princip tillämpas vid fördelningen av platser i en UNPA.[142] Inom denna ram är många olika tillvägagångssätt, viktningar och formler möjliga.

---

[139] Synovate, 2007.

[140] Se Bummel, 2010, s. 25-27.

[141] Global Challenges Foundation, 2018, s. 6.

[142] Vi följer CUNPA, 2010, punkt 9.

I detta skede är det värdefullt att först titta på de befintliga IPI:er som tilllämpar viktad representation som praktiska exempel.[143] Den exakta fördelningen av platser där är vanligtvis ett resultat av mellanstatliga förhandlingar där överenskommelse görs om fördelningen av platser, särskilt med avseende på de berörda ländernas storlek och politiska vikt. De parametrar som tillämpas identifieras emellertid sällan systematiskt och bestäms sällan utifrån en enhetlig formel.

Följaktligen är oftast ingen allmän formel för representation en del av respektive fördrag och stadgar. Istället utarbetas i regel en konkret lista med antalet överenskomna platser per land som omförhandlas vid behov. Detta tillvägagångssätt verkar vara praktiskt i den rådande internationella ordningen eftersom dessa IPI:er - med undantag från EP - i regel har begränsade och underordnade tillsynsbefogenheter och rådgivande uppgifter, så att staternas intressen endast påverkas marginellt och en plats mer eller mindre knappast är av större betydelse.

Tabell 3: Undersökning på uppdrag av BBC (2007) ordnad utifrån skillnaden mellan positiva och negativa svar: "Hur troligt skulle det vara att du gav ditt stöd åt ett globalt parlament, i vilket rösterna baserades på ländernas befolkningsstorlek och som kunde fatta bindande beslut?"[144]

Land	Positivt (%)	Negativt (%)	Obestämd (%)	Skillnad pos. & neg.
Indien	63,8	5,3	15,5	58,5
Dubai	58,0	18,4	12,4	39,6
Tyskland	48,9	29,5	15,0	19,4
Polen	46,3	27,4	18,5	18,9
Sydkorea	39,0	24,5	28,9	14,5
Sydafrika	46,7	36,2	9,9	10,5
Singapore	34,1	26,8	25,5	7,3
Frankrike	45,8	38,6	15,6	7,2
Ryssland	25,8	38,8	20,2	-13,0
Norge	26,2	41,1	19,6	-14,9
Storbritannien	30,8	45,9	23,4	-15,1
Italien	28,2	46,5	13,0	-18,3
Australien	27,2	51,5	15,0	-24,3
USA	23,9	51,2	24,9	-27,3

[143] Det finns även exempel på nationell nivå, särskilt platsfördelningen i Rajya Sabha, det indiska överhuset, där delstater och unionsterritorier är representerade.

[144] Synovate, 2007.

Danmark	14,8	52,9	16,5	-38,1

Tabell 4: Undersökning beställd av Global Challenges Foundation (2017) ordnad utifrån andel av "ja"-svar: "En överstatlig organisation sätter globala intressen över nationalstaternas intressen. Anser du att en ny överstatlig organisation bör skapas för att fatta bindande globala beslut för att hantera globala risker? "[145]

Land	Ja (%)	Nej (%)
Indien	84	13
Kina	78	15
Sydafrika	76	20
Brasilien	69	28
Storbritannien	69	19
USA	67	23
Australien	65	19
Tyskland	62	29

Exemplen PACE och EP

Ett exempel är Europarådets parlamentariska församling (PACE). Den består för närvarande av 318 ledamöter valda ur de 47 medlemsstaternas nationella parlament. Antalet och fördelningen av platser anges i artikel 26 i Europarådets stadga. Denna artikel kompletteras med en lista över antalet platser som tilldelats varje stat. Denna lista har justerats gång på gång över tid, särskilt mot bakgrund av Europarådets expanderande medlemskap. Varken stadgan eller arbetsordningen innehåller dock allmänna regler för fördelningen av platser. Enligt den nuvarande fördelningen får de minsta medlemsstaterna[146] två platser och de största[147] 18 platser, medan de återstående staternas antal varierar beroende på deras befolkningsstorlek. Det är intressant att notera att den parlamentariska oppositionen i respektive stat ska beaktas rättvist, vilket innebär ett lägsta antal med två platser även för de minsta staterna.

Också i EP följer fördelningen av platser principen om degressiv proportionalitet. Enligt reglerna i Lissabonfördraget tilldelas varje EU-medlemsstat initialt minst sex platser, oavsett befolkningsstorlek. Ytterligare platser fördelas därefter utifrån befolkningsstorlek, men ingen allmän formel används.

[145] Global Challenges Foundation, 2017.

[146] Andorra, Liechtenstein, Monaco och San Marino.

[147] Tyskland, Storbritannien, Frankrike, Italien, Ryssland och Turkiet.

Grovt sett tilldelas stater med en befolkning på mellan en och tio miljoner ytterligare en plats per 500 000 invånare, och stater med en befolkning på tio miljoner eller fler tilldelas ytterligare en plats per miljon invånare. Tyskland, som är den största EU-medlemmen med en befolkning på cirka 82,7 miljoner, har det högsta antalet med 96 platser och Malta, som den minsta medlemmen med cirka 493 000 invånare, har sex platser. En ledamot från Tyskland representerar således cirka 861 000 invånare, medan en ledamot från Malta representerar cirka 82 000.

Den demokratiska legitimiteten i viktad representation

Den stora skillnaden i röstvikt vid valet av EP har varit föremål för konstitutionella klagomål i Tyskland. Kritiken riktade sig mot att det rådande valsystemet innebär ett brott mot principen om valjämlikhet som ett uttryck för den allmänna jämställdhetsprincipen i artikel 3.1 i den tyska konstitutionen. Två beslut från Tysklands författningsdomstol innehåller utlåtanden i detta avseende som är av allmänt intresse för en UNPA.

I sitt beslut om Maastrichtfördraget från 1993 konstaterade domstolen bland annat att i en statsgemenskap kan "demokratisk legitimitet inte upprättas i samma form som inom en stat som regleras homogent och slutgiltigt av en nationell konstitution".[148]

I ett beslut om Lissabonfördraget från 2009 behandlade och utvecklade domstolen återigen frågan om EU:s demokratiska legitimitet: "Som representativt organ för folken i en överstatlig gemenskap, och som sådant präglat av en begränsad önskan om enhet, kan och behöver [EP] i sin sammansättning inte uppfylla de krav om lika politisk rösträtt för alla medborgare som finns på nationell nivå".[149] Vidare förklarade domstolen: "Den grundläggande demokratiska regeln om "en person, en röst" gäller endast inom ett folk, inte i ett överstatligt representativt organ, som - om än nu med särskild tonvikt på det europeiska medborgarskapet - fortfarande är en representation av de folk som är kontraktuellt sammanbundna."[150]

Enligt denna uppfattning kan inte en graderad fördelning av platser i en global parlamentarisk församling enkelt avfärdas som "odemokratisk". Domstolen har emellertid samtidigt påpekat att ojämlikheten i EP endast är accep-

---

[148] Bundesverfassungsgericht, 1993, recital 93.

[149] Bundesverfassungsgericht, 2009, recital 271.

[150] Ibid., recital 279.

tabel så länge det nationella parlamentet "behåller sina egna uppgifter och befogenheter av betydande politisk vikt". Graden av demokratisk legitimitet på EU-nivå behöver således motsvara djupet av överstatlig integration.

Frågan om ett demokratiskt underskott i en UNPA baserad på graderad representation uppstår därför inte initialt, eftersom en UNPA i sitt första utvecklingsstadium troligen kommer att ha betydligt mer begränsade befogenheter än vad EP har i dag. I linje med argumentationen i Tysklands författningsdomstol kan det antas att en viktad representation kommer fortsätta att vara motiverad även efter en väsentlig utveckling av en UNPA till ett överstatligt globalt parlament.

Direktval som förutsättning för bindande lagstiftande befogenheter

Utvidgningen av befogenheter och stärkandet av demokratisk legitimitet behöver emellertid gå hand i hand när en UNPA utvecklas till ett världsparlament. Införandet av direktval innebar ett avgörande steg för att stärka EP:s demokratiska legitimitet och ett viktigt villkor för att gradvis ge det mer makt. Följaktligen bör ett generellt eller övervägande införande av direktval vara en demokratisk förutsättning för att en UNPA ska ges mandat att stifta internationella lagar inom bestämda gränser och politikområden i samarbete med en kammare av stater som FN:s generalförsamling.[151] I ett sådant system kan också nationella parlament bli mer involverade i globala frågor.[152] Frågan om ett gradvist införande av principen om röstjämlikhet skulle därmed först hamna på dagordningen i samband med en ytterligare utvidgning av de befogenheter som en UNPA besitter. Även det fortsatta stärkandet av demokratin på nationell nivå är nära sammankopplat till detta.

Minst två platser per land

På sikt kan direktval till en UNPA och ett efterföljande världsparlament bygga på ungefär jämnstora globala valkretsar, som delvis skulle kunna bestå av flera stater. Men så länge valet grundas på nationalstater är en avgörande utgångspunkt för fördelningen av platser enligt principen om degressiv proportionalitet att bestämma ett lägsta antal platser för varje land oavsett befolkningsstorlek. Tilldelningen av ett sådant minimiantal är i linje med principen om jämlikhet mellan stater och förhindrar att stater marginaliseras eller inte får plats alls i en parlamentarisk församling. Detta minimiantal kan fastställas

---

[151] CUNPA, 2007b. Se även ovan, s. 64.
[152] Jfr Bummel, 2018 och 2019.

på olika sätt beroende på tilldelningsmodell. Eftersom en maximal övre gräns för det totala antalet delegater av praktiska skäl sannolikt skulle hamna på cirka 1 000 delegater, och eftersom befolkningsskillnaderna mellan länderna är så stora, kan en minsta representation inte uppnås genom att enbart öka storleken på församlingen.

Eftersom en central uppgift för en UNPA skulle vara att bereda plats och röst åt företrädare för parlamentarisk opposition, och inte bara åt ledamöter från regeringspartier, rekommenderar vi modeller som garanterar en tilldelning av ett minimiantal på två platser till varje FN-medlemsstat.

Om parlamentarisk utnämning tillämpas bör den första platsen i princip fyllas av den ledande regeringsgruppen och den andra av den ledande parlamentariska oppositionen i enlighet med antalet mandat i respektive parlament. Vid direktval kan den första platsen tilldelas listan med flest röster och den andra platsen listan med näst flest röster.

Om emellertid en stat totalt tilldelas mer än de två minimiplatserna, bör en metod för proportionell representation tillämpas för platsfördelning till respektive politiska grupper eller vallistor.[153] Om en politisk grupp eller parti får en minimal plats enligt ovanstående principer, bör denna plats tas i beaktande vid den sammanvägda fördelningen i det aktuella fallet.[154]

Det finns utrymme för tolkning om vad som kan betraktas som en rättvis balans i platsfördelningen mellan länder. Denna fråga kommer behöva lösas genom mellanstatliga förhandlingar mellan de berörda staterna. För att medborgarna ska kunna förstå fördelningen av platser och för att den ska vara så transparent som möjligt föreslår vi att tydliga kriterier och en allmänt tillämplig metod fastställs i stadgarna.

I det följande presenterar vi möjliga modeller som underlag för illustration och diskussion.[155] Vissa stater som saknar ett parlament och verklig maktfördelning skulle kanske inte kvalificera sig alls för en UNPA. Detta skulle behöva granskas i varje enskilt fall.[156] För våra platsfördelningsmodeller utgår vi

---

[153] Till exempel används ofta den s.k. "D'Hondts metod", en matematisk formel för att utifrån röster proportionellt fördela platser. Se EP, 2019b.

[154] Ett konstruerat exempel för att illustrera detta: I ett parlament representerar Grupp A 51%, Grupp B 29% och Grupp C 20%. Grupp A utgör regering, Grupp B utgör starkaste oppositionskraft. Landet har fyra platser i en UNPA. I enlighet med modellen för minimal representation säkrar Grupp A och Grupp B en plats var. Om återstående två platser skulle fördelas separat i enlighet med D'Hondts metod så skulle Grupp A och Grupp B få ytterligare en plats var. Emellertid tas de två minimiplatserna i beaktande. Detta innebär att Grupp A får två platser och att Grupp B och Grupp C får en plats var.

[155] Underliggande data för befolkningsstorlek och ekonomisk styrka är hämtade från Världsbankens databas online för 2018, hämtade 15 december 2019 (data.worldbank.org).

[156] Se ovan, avsnitt 3.5.

emellertid från ett universellt deltagande av alla 193 nuvarande FN-medlemsstaterna. Det totala antalet platser kan fortfarande ökas om delegater utan rösträtt koopteras.

5.4. Platsfördelningsmodeller

Modell A: Två platser och proportionell fördelning

I modell A tilldelas initialt ett minimiantal på 386 platser enligt principen om jämlikhet mellan stater, två för var och en av de 193 FN-medlemsstaterna. Det maximala totala antalet delegater i denna modell, som tidigare diskuterats, bör inte överstiga cirka 800, vilket innebär att det i det andra steget ska fördelas ytterligare cirka 414 platser mellan alla länder. Detta görs i direkt proportion till deras andel av världspopulationen, med det matematiska resultatet av formeln avrundat uppåt eller nedåt till närmaste hela tal. På grund av avrundning ger denna modell totalt 795 platser, som fördelas mellan länderna i 16 olika fördelningsnivåer.

I denna modell tilldelas 143 stater, eller cirka 75 procent av det totala antalet stater, två eller tre platser, 32 stater får mellan fyra och sex platser och 18 får mer än sex platser. De större länderna får emellertid mycket färre platser än i det direkt proportionella tillvägagångssätt utan ett minimiantal platser som diskuterats ovan. Tilldelningen av platser för de tre mest folkrika länderna skulle vara följande: Kina får 78 platser eller 9,8 procent av det totala antalet platser, vilket innebär en plats per 17,8 miljoner kinesiska invånare; Indien får 76 platser eller 9,5 procent, en plats per 17,8 miljoner invånare; och USA får 20 platser eller 2,5 procent, en plats för varje 16,3 miljoner invånare. De fem länder som har den största andelen tilldelade platser i denna modell är Kina, Indien, USA, Indonesien och Pakistan. Tillsammans tilldelas de ungefär en fjärdedel av alla platser (205), men de utgör nästan hälften av världsbefolkningen. Å andra sidan tilldelas de 105 minsta länderna, var och en med mindre än tio miljoner invånare och en total andel av världsbefolkningen på endast 4,6 procent, totalt 216 platser, eller mer än en fjärdedel av det totala. Detta utgör ett önskvärt resultat när det gäller balans.

Modell B: Tilldelning med kvadratrot och två platser

Modell B är baserad på en metod som föreslagits av Lionel Penrose 1946. Enligt denna metod bör röstvikten för varje land i en världsförsamling motsvara kvadratroten av antalet berättigade väljare.[157] I det följande tillämpas detta tillvägagångssätt för platsfördelningen i en UNPA.

För denna modell antas det återigen att alla FN-medlemsstater deltar och att de var och en tilldelas åtminstone två platser. Men till skillnad från den tidigare modellen bestäms först antalet platser som tilldelas ett land genom att beräkna kvadratroten av det landets befolkning i miljoner, med det resulterande antalet platser avrundade uppåt eller nedåt till närmaste heltal. Det sammanlagda antalet platser efter denna första beräkningsrunda blir totalt 781 platser. Tjugo länder med en befolkning på mindre än 250 000 skulle inte få någon plats alls och 32 länder med en befolkning på mindre än 2,2 miljoner och mer än 250 000 skulle bara få en plats. I ett andra steg tilldelas därför dessa länder det saknade antalet av en eller två ytterligare platser för att uppnå en minimal representation av två platser. Detta skulle skapa ytterligare totalt 72 platser utan att ändra den faktiska fördelningsformeln.

Således resulterar modell B i en församling med totalt 853 platser och 17 fördelningsnivåer. Den grova fördelningen av platser blir så här: 118 stater, eller cirka 61 procent av det totala, har två eller tre platser; 42 stater, ungefär 22 procent av det totala, har mellan fyra och sex platser; och 33 länder tilldelas mer än sex platser. Fördelningen av platser mellan länderna blir mindre brant i denna modell jämfört med modell A. Kina och Indien får båda 37 platser eller 4,7 procent vardera av det totala antalet (37,6 respektive 36,5 miljoner invånare per plats) och USA får 18 platser för 2,3 procent (18,1 miljoner invånare per plats). De fem länderna med den största andelen platser, som också inkluderar Indonesien och Pakistan, står för totalt 123 platser för 14,4 procent av det totala. De 105 minsta länderna har samma andel på 27,2 procent som i modell A.

Modell C: Ekonomisk styrka som faktor?

Kvadratrotsformeln som används i modell B minskar den påverkan som befolkningsstorlek har på platsfördelningen avsevärt, men befolkningsstorleken är fortfarande den enda bestämmande faktorn för fördelningen av antalet platser. Förutom befolkningsstorlek har även andra mätvärden föreslagits. Ekonomisk styrka är en ytterligare faktor som oftast diskuteras.

---

[157] Penrose, 1946. För mer detaljer se Bummel, 2010a, s. 27 och Schwartzberg, 2013, s. 48ff. Schwartzberg konstaterar med rätta att även någon annan rot än kvadratroten kan användas.

När det gäller vikten av rösterna i generalförsamlingen[158] eller fördelningen av platser i en parlamentarisk världsförsamling[159] bygger sådana förslag på aktieägarprincipen. Enligt denna uppfattning bör inflytelserika länder vara oproportionerligt representerade i internationella organ för att säkerställa deras fortsatta intresse av regleringar av gemensamma angelägenheter. Detta är avsett att motverka deras känsla av marginalisering av ett stort antal småstater. För att uppnå detta kan varje lands ekonomiska bidrag till FN:s budget användas som ett mått, vilket grovt beräknas på grundval av dess andel av världens totala bruttonationalprodukt. Ett ytterligare argument för detta är att länder som bidrar mest till finansieringen av globala frågor bör ha det största inflytandet och därmed också vara starkast representerade i respektive organ.

Det viktigaste exemplet på ett internationellt beslutande organ som tar hänsyn till ekonomiska faktorer är IMF. Även om inte själva antalet platser per land påverkas, så viktas rösterna enligt medlemsstaternas ekonomiska bidrag, som i sin tur bygger på deras respektive ekonomiska styrka. Att de ekonomiska bidragen vägs in i en mellanstatlig organisation som IMF, som fokuserar på mellanstatliga lån och finanspolitiska åtgärder, kan principiellt ses som en rimlig och lämplig åtgärd, men även här är legitimiteten för en sådan ordning föremål för ständig kritik.[160]

När det gäller befintliga parlament och IPI:er spelar inte den ekonomiska styrkan någon roll. Även när det gäller en UNPA finns det goda skäl att inte inkludera ekonomiska faktorer, både med hänsyn till demokratiska principer och till praktiska överväganden. Som nämnts ovan kan en uppmjukning av principen om röstjämlikhet i en internationell ram anses vara legitim och lämplig, men det är mycket tveksamt om detta också bör gälla om det bygger på andra faktorer än befolkningsandelar. En parlamentarisk församling bör så långt det är möjligt säkerställa en rättvis och jämn representation av folket. Detta mål äventyras när fördelningslinjer dras utifrån faktorer som ökar ojämlikheten. När det gäller ekonomisk makt som kriterium skulle människor från fattigare länder känna sig exkluderade. De utvecklade ländernas dominans skulle förstärkas.

Icke desto mindre måste man inse att funktionen och godtagandet av mellanstatliga beslutsstrukturer kan påverkas avsevärt av marginaliseringen av

---

[158] Se Schwartzberg, 2013, kap. 2.

[159] Ibid., kap. 3.

[160] Därför har istället exempelvis ett system med dubbla majoriteter föreslagits: Chowla, 2007.

stora bidragsgivare. Vi anser dock att fördelningen av platser i en parlamentarisk församling som syftar till att företräda befolkningen inte bör användas för att lösa detta problem. Övervägandet av ekonomisk styrka och andra faktorer bör vid behov snarare realiseras i generalförsamlingen som en staternas kammare, till exempel genom att kräva kvalificerade majoriteter för vissa beslut.[161] Detta också eftersom en parlamentarisk församling initialt främst skulle ha rådgivande funktioner, och budgetrelevanta och bindande beslut endast skulle kunna fattas i senare skeden och i samarbete med en kammare av stater.[162]

Tre faktorer och två platser

Trots dessa reservationer vill vi för den utförliga diskussionens skull presentera en välkänd formel som tagits fram av Joseph Schwartzberg för första etappen av en UNPA[163] baserad på att lika hänsyn tas till ett lands andel av världsbefolkningen (P), världsekonomisk styrka (C) och FN-medlemskap (M). Den procentuella andelen platser W beräknas således som W = (P + C + M) / 3, varvid värdet på M alltid är 1/193 eller 0,5181 procent (förutsatt att alla FN-medlemsstater deltar).

I ett andra steg måste respektive andel konverteras till heltal. Schwartzberg föreslår att W delas med den minsta tillgängliga fraktionen, som enligt våra uppgifter för närvarande är 0,1728 (för Nauru och Tuvalu), och sedan avrundas. Baserat på våra uppgifter för 2018 resulterar detta i en församling med 569 platser. Ett annat alternativ är att ta ett visst antal platser (som 700) som utgångspunkt och sedan beräkna antalet per land enligt andelen W med hjälp av en regel om tre och sedan avrunda det. I syfte att illustrera denna formel kommer vi dock att fortsätta med utgångspunkt i den första metoden. I detta fall tilldelas 108 länder endast en plats (med den alternativa metoden skulle det vara 75 länder som endast får en plats). Enligt Schwartzbergs uppfattning är representation med en plats mer än tillräckligt i dessa fall. För vår egen modell upprätthåller vi dock principen om en minimirepresentation av två platser per land och tillämpar därför ett tredje steg där alla stater med endast en plats tilldelas ytterligare en plats.

---

[161] I EU:s råd måste till exempel minst 55% av medlemsstaterna som tillsammans utgör minst 65% av befolkningen rösta i den reguljära lagstiftningsprocessen. På liknande sätt skulle finansiella bidrag, ekonomisk styrka och CO2-utsläpp kunna vägas in, beroende på det aktuella ämnesområdet.

[162] Detta är ytterligare ett argument för ett tvåkammarsystem. Jfr ovan, avsnitt 2.2. och s. 100 och 119.

[163] Schwartzberg, 2013, s. 49ff.

I modell C får vi således en församling med totalt 677 platser och 15 fördelningsnivåer. I denna modell tilldelas 164 stater eller 85 procent av alla länder två eller tre platser. 15 stater har fyra till sex platser; och 14 stater har mer än sex platser. De fem länder som har flest platser i denna sammansättning är Kina (67 eller 9,9 procent), USA (56 eller 8,3 procent), Indien (42 eller 6,2 procent), Tyskland (12 eller 1,4 procent) och Brasilien (11 eller 1,3 procent).

5.5. Slutsatser om modellerna

Fördelningen av platser i en UNPA baseras lämpligast på principen om degressiv proportionalitet för att skapa en balans mellan antalet företrädare från stora och små stater. Målet med en gradvis fördelning av platserna kan uppnås genom en mängd olika tillvägagångssätt. Enligt vår uppfattning bör fördelningen baseras på en enhetlig matematisk formel, med en övre gräns på högst 1 000 ledamöter, samtidigt som ett lägsta antal om två platser per land garanteras. Formeln bör dessutom vara så enkel och tydlig som möjligt för att säkerställa att medborgarna kan förstå hur denna församling är sammansatt. När det gäller en UNPA anser vi att införandet av andra faktorer än befolkningsandelen i fördelningen av platser är olämpligt och i grunden problematiskt.

I en jämförelse av modellerna A och B, som båda i princip kan vara lämpliga att använda, är det anmärkningsvärt att de minsta 105 länderna med mindre än tio miljoner invånare i båda fallen har en platsandel på 27,2 procent (se tabell 5). Den största skillnaden är att kvadratrotsmetoden leder till en plattare fördelning och därför tycks vara mer adekvat för att uppnå målet om balans. I modell A finns det bara 18 stater med mer än sex platser, medan det finns nästan dubbelt så många i modell B (33). Den högsta andelen platser för ett enda land är 9,8 procent i modell A och 4,3 procent i modell B, mindre än hälften. I båda fallen kan det dock hävdas att vikten för delegater från större länder är högre jämfört med deras röstvikt i FN:s generalförsamling. I detta organ innehar de tio mest befolkade staterna 5,2 procent av rösterna, medan de skulle få 32,7 procent av delegaterna i modell A och 21,9 procent i modell B. Samtidigt är det värt att notera att grupperna av stater från ASEAN, Afrikanska Unionen, EU och Latinamerika och Karibien vardera har fler platser i modell B än i modell A.

Det finns inga större skillnader i vikt vad det gäller platser som tillfaller valdemokratierna (se tabell 6). I modell A är siffran 53,6 procent och i modell B 52,3 procent. I modell B får emellertid länder som klassificeras som delvis fria 50 platser mer än i modell A. Detta antyder att modell B kan vara bättre lämpad för att stödja demokratiska krafter i övergångsländer.

5.6. Internationella parlamentariska institutioners deltagande

Det är tänkbart att komplettera en UNPA med ledamöter från regionala parlament och parlamentariska församlingar som EP eller PAP.[164]

Tabell 5: Utvalda staters och grupper av staters andel av världsbefolkningen, världens BNI och platser i en UNPA enligt modellerna A till C

Stater / grupp	Antal stater	Befolkning (%)	BNI (%)	Antal platser Modell A	% av platser Modell A	Antal platser Modell B	% av platser Modell B	Antal platser Modell C	% av platser Modell C
Alla	193	100	100	795	100	853	100	677	100
Bef. topp 10	10	58,1	55,7	261	32,8	187	21,9	230	34,0
Bef. < 10 milj.	105	4,5	7,3	216	27,2	232	27,2	211	31,2
Bef. botten 128	128	8,4	10,0	285	35,8	311	36,5	261	38,6
Kina	1	18,4	16,0	78	9,8	37	4,3	67	9,9
Indien	1	17,9	3,2	76	9,6	37	4,3	42	6,2
USA	1	4,3	24,2	20	2,5	18	2,1	56	8,3
AU	54	16,9	3,6	176	22,1	226	26,5	122	18,0
ASEAN	10	8,7	3,5	56	7,0	68	8,0	36	5,3
EU	27	5,9	18,7	79	9,9	94	11,0	84	12,4
GRULAC	33	8,4	6,7	101	12,7	118	13,8	83	12,3

[164] CUNPA, 2007b.

Tabell 6: Fördelning av platser i en UNPA enligt modellerna A, B, och C i de kategorier som bedömts av Freedom House ("valdemokrati", "ej valdemokrati" samt "fria", "delvis fria" och "inte fria")[165]

Stater / kategori	Antal stater	Befolkning (%)	BNI (%)	Antal platser Modell A	% av platser Modell A	Antal platser Modell B	% av. platser Modell B	Antal platser Modell C	% av. platser ModellC
Alla	193	100	100	795	100	853	100	677	100
Valdemokr.	113	49,4	71,7	426	53,6	446	52,3	410	60,6
Ej valdemokr.	80	50,6	28,3	369	46,4	407	47,7	267	39,4
Fria	84	38,7	67,2	325	40,9	324	38,0	336	49,6
Delvis fria	59	24,8	8,5	220	27,7	270	31,7	153	22,6
Fria & delvis fria	143	63,4	75,7	545	68,6	594	69,6	489	72,2
Inte fria	50	36,6	24,3	250	31,4	259	30,4	188	27,8

För att åstadkomma detta kan UNPA:ns stadgar innehålla en bestämmelse som tillåter grupper av länder att tillsätta ett visst antal platser som tilldelats dem genom internationella parlamentariska församlingar eller parlament.[166] Men inte alla länder i världen är för närvarande del av sådana församlingar. Dessutom varierar graden av utveckling av dessa organ mycket mellan de olika regionerna i världen. Ett enklare sätt att genomföra detta skulle vara att komplettera UNPA:n med ett begränsat antal delegater som skulle skickas av några av de stora IPI:erna för att representera dem som helhet. Dessa delegater skulle kunna delta i församlingens arbete utan rösträtt och i utskottsmöten som permanenta observatörer med rätt att yttra sig. Detta skulle skapa goda möjligheter för nätverkande med andra IPI:er och stärka UNPA:n i sin roll som ett paraply för transnationellt parlamentariskt samarbete.

5.7. Frågan om viktad röstning

Det har också lyfts i litteraturen att platserna i en UNPA inte bara skulle kunna fördelas enligt en glidande skala, utan att de dessutom skulle kunna förses med olika röstvikter enligt bestämda regler.[167] En delegats röstvikt skulle därför kunna baseras på hur många väljare som den representerar. I

---

[165] Data från Freedom House, 2019, hämtad från freedomhouse.org. Siffror för befolkning och BNI kommer från Världsbankens databas på internet avseende 2018, hämtade 15 dec 2019 (data.worldbank.org).

[166] Jfr beräkningsexemplet i Bummel, 2010a, s. 39-41 för EP.

[167] Se Schwartzberg, 2013.

modell A finns det till exempel 17,8 miljoner människor per plats från Kina, och i modell B så många som 37,6 miljoner, medan en plats från Tuvalu eller Nauru endast representerar cirka 6 000 personer vardera, vilket är nästan 3 000 eller till och med mer än 6 200 gånger denna vikt.

För att mildra sådana skarpa skillnader i röstjämlikhet har Joseph Schwartzberg föreslagit, i en modell för andra etappen i utvecklingen av en världsparlamentarisk församling, att platserna skulle fördelas enligt kvadratrotsprincipen med ett extra system för att väga in röstvikt.[168] I detta scenario kan röstvikten i en plats motsvara kvadratroten ur den ursprungliga platsdeterminanten, dvs. fjärde roten ur befolkningsstorleken i miljoner, med 1,0 som minimivärde. En plats från Kina skulle därmed få en röstvikt på 6,1, en plats från USA skulle ha en vikt på 4,2 och minimivikten per plats på 1,0 skulle gälla för 38 stater. Platserna i de tio mest befolkade länderna skulle ha en sammanlagd röstvikt på 38,8 procent och de i de 100 minsta länderna 12,3 procent. Platserna från 171 stater skulle vardera ha en sammanlagd vikt på mindre än en procent för varje land. En plats från Tuvalu eller Nauro skulle dock fortfarande ha en vikt på 500 till 1 000 gånger större än en plats från Kina. Ur röstjämlikhetens perspektiv skulle man i slutändan inte vinna mycket.

Parlamentariker från mindre länder skulle dock devalveras avsevärt. Det skulle finnas andra-, tredje- och till och med fjärde klassens delegater. Ledamöter med lägre röstvikt skulle lättare ignoreras i överläggningar och förhandlingar.

Utvecklingen av en konstruktiv kultur för debatt och beslutsfattande som liknar demokratiska nationella parlament kan knappast förväntas ske i ett sådant sammanhang. Det är svårt att föreställa sig hur arbetet i utskotten ska fungera utifrån olika individuell röststyrka. I utskotten ska de enskilda delegaterna inte representera sitt land utan transnationella politiska grupper och deras perspektiv. Viktad omröstning skulle dock innebära att varje delegats ursprungsland alltid skulle spela en avgörande roll. Det finns inte heller något modernt parlamentariskt prejudikat att bygga på.

Vid denna tidpunkt är en UNPA inte avsedd att återspegla det mest exakta måttet på global röstjämlikhet utan en pluralitet och mångfaldig representation av världens medborgare och deras intressen. Dessutom har parlamentarikerna inte mandatet att företräda sitt land utan framförallt mänsklighetens intressen som helhet. Det är svårt att förena dessa utgångspunkter med vik-

---

[168] Schwartzberg, 2013, s. 51f.

tade landbaserade röster. Slutligen har det med rätta påpekats att komplexiteten i ett system undergräver dess legitimitet.[169] Detta är ytterligare ett argument mot att tillämpa viktade röster i en UNPA, eftersom ju mer komplicerad församlingen blir, desto mindre kommer medborgarna att förstå den och desto mindre kommer den att accepteras.

Med allt detta i beaktande rekommenderar vi att rösterna inte viktas i en UNPA. I ett senare skede, då UNPA:n utvecklas till en andra kammare i en världsomspännande lagstiftande församling, kan krav på kvalificerade majoriteter som baseras på vissa parametrar införas i staternas kammare om det bedöms som nödvändigt.[170]

[169] Monbiot, 2004, s. 86.

[170] Om detta se även ovan, avsnitt 2.2. och s. 119.

6. Funktioner och finansiering

6.1. Ett brett spektrum av möjliga befogenheter och uppgifter

Vi har tidigare antagit att en UNPA i ett första skede skulle begränsas till framförallt rådgivande befogenheter i förhållande till generalförsamlingen och först i ett senare skede gradvis "förses med verkliga rättigheter till information, deltagande och kontroll gentemot FN-systemets olika delar. "[171]

Det har emellertid blivit tydligt att upprättandet av ett rent rådgivande parlamentariskt organ utgör en alltför begränsad strategi för många som stöder en UNPA. I en resolution från 2005 som krävde upprättandet av en UNPA "inom FN-systemet" förespråkade EP att den skulle vara utrustad med en "ovedersäglig rätt till information, delaktighet och kontroll" utöver uppgiften att anta "rekommendationer till FN:s generalförsamling".[172] EP självt var faktiskt, i sitt initiala skede som den Europeiska kol- och stålgemenskapens (EKSG) parlamentariska församling, utrustat med både rådgivande funktioner och med en befogenhet att övervaka som till och med inrymde möjligheten att rösta om misstroendeförklaring gentemot Höga myndigheten, Europeiska kommissionens föregångare.

Vidare uppmanade PAP år 2007 att en UNPA skulle inrättas med rätten att "sända fullt deltagande parlamentariska delegationer eller företrädare till internationella regeringsfora och förhandlingar".[173] På senare tid har EP år 2018 hävdat att en UNPA ska "bidra till det framgångsrika genomförandet av FN:s agenda 2030 och målen för hållbar utveckling". [174]

Det finns också många möjligheter när det gäller den konkreta omfattningen av rådgivande befogenheter. I första hand kan en UNPA:s arbete begränsas till deltagande i FN:s generalförsamlings resolutioner. Men det är också tänkbart att anförtro församlingen rådgivande funktioner i förhållande till ett större antal organ inom och utanför FN-systemet. Beroende på önskad omfattning av denna verksamhet kan dessutom en hel rad kompletterande

---

[171] CUNPA, 2007a; se även Heinrich, 2010, s. 6, som föreställde sig att en UNPA till stor del skulle ha en "symbolisk och rådgivande roll".

[172] EP, 2005, para. 39.

[173] PAP, 2007.

[174] EP, 2018.

funktioner upprättas, såsom organisering av observations- och forsknings-
uppgifter samt internationella konferenser eller former av samarbete med
nationella parlament, olika politiska institutioner, civilsamhällets organisat-
ioner och själva befolkningen.

Att göra det möjligt för en UNPA att utföra ett bredare uppdrag från bör-
jan skulle inte bara öka dess politiska tyngd, utan också dess synlighet i all-
mänhetens ögon. Det skulle därmed bli svårare att döma ut församlingen som
ett meningslöst "pratforum" - en anklagelse som kan komma att framföras av
just de politiska krafter som tidigare försökt begränsa dess befogenheter och
uppgifter så mycket som möjligt.

Initialt skulle omfattningen av en UNPA:s möjliga befogenheter med all
sannolikhet definieras och begränsas av internationell rätt och politisk reali-
tet. Om en UNPA upprättades som en integrerad del av FN-systemet skulle
bestämmelserna i FN-stadgan tillämpas. Således skulle en UNPA inte ha nå-
got mandat att ingripa i staters "interna angelägenheter", utöver det mandat
som FN som helhet redan har. Även om en global parlamentarisk församling
skulle upprättas på ett annat sätt än genom artikel 22 i FN-stadgan, till exem-
pel genom ett internationellt fördrag, skulle det troligtvis baseras på principen
om icke-inblandning i interna angelägenheter. Men även på denna grund är
ett brett spektrum av uppgifter möjligt, vilket gör att en UNPA kan bli ett
betydande nav i internationell politik. Givet att den politiska viljan finns att
förse institutionen med lämpliga strukturella, mänskliga och ekonomiska re-
surser kan följande rättigheter och funktioner[175] överföras till en UNPA redan
från början:

Rådgivande funktioner och global observation

- Överlämna yttranden och resolutioner till generalförsamlingen,
  ECOSOC, generalsekreteraren, säkerhetsrådet och andra FN-institut-
  ioner.
- Läsa resolutionsutkast från generalförsamlingen med rätt att föreslå änd-
  ringar.
- Rätten att lägga fram förslag till resolutioner till generalförsamlingen för
  vidare förhandlingar och beslutsfattande.
- Samråd med generalförsamlingen och andra FN-institutioner.
- Deltagande i fördragsförhandlingar som äger rum under FN:s paraply om
  inrättande eller modifiering av internationella institutioner.

---

[175] Se Childers & Urquhart, 1994, s. 176-181, som utgick från EP för en diskussion om en
UNPA:s potentiella funktioner; se även Heinrich, 2010; Bummel, 2010, s. 36-38.

- Deltagande i ytterligare multilaterala avtalsförhandlingar.
- Deltagande i stora internationella konferenser om globala frågor.
- Rätten att överlämna rättsliga frågor till Internationella domstolen (ICJ) i enlighet med art. 65 i ICJ:s stadga.
- Identifiering och hänskjutande av ärenden till Internationella brottmålsdomstolen (ICC).
- Mandat att varna säkerhetsrådet om farliga situationer.
- Inrättande av ett framställningsutskott för att möjliggöra inlämnande och behandling av förslag och överklaganden från individer.
- Genomföra valobservationer.

Information, tillsyn och rättigheter till deltagande

- Parlamentarisk övervakning av FN:s och dess fackorgans aktiviteter i samspel med de interna kontrollmekanismerna i världsorganisationen, särskilt Office of Internal Oversight Services (FN:s internrevision).
- Rätt att ställa frågor, begära information och kräva svar av FN-tjänstemän.
- Årliga offentliga rapporter om FN-systemets arbete med möjlighet att göra utfrågningar i specifika frågor.
- Möjligheten att inrätta granskningskommittéer om viktiga globala angelägenheter, till exempel allvarliga kränkningar av de mänskliga rättigheterna.
- Mandat att undersöka anklagelser om korruption eller försummelse i samarbete med FN:s internrevision.
- Utvidgning av ovannämnda funktioner till institutionerna i Bretton Woods-systemet och WTO efter ingående av lämpliga samarbetsavtal.
- Deltagande i antagandet av budgetar för FN:s kärnorganisation och andra organisationer i FN-systemet.
- Medbeslut i valet av FN:s generalsekreterare och andra högt rankade tjänstemän i FN-systemet och genomföra offentliga utfrågningar av kandidaterna.

I processuella termer skulle genomförandet av några av dessa uppgifter och befogenheter genomföras av generalförsamlingen som en mellanhand. Till exempel kan generalförsamlingen komma överens om att inte välja någon till FN:s generalsekreterarämbete som inte tidigare har godkänts av UNPA:n. När det gäller rätten att överlämna juridiska frågor till ICJ, skulle generalförsamlingen kunna förbinda sig att automatiskt presentera UNPA:ns rättsliga frågor för ICJ i sitt eget namn. På detta sätt kunde generalförsamlingen de facto bevilja UNPA:n sina egna rättigheter utan behov av ändringar i FN-stadgan.

Regionala parlament har särskilt betonat vikten av en UNPA:s potential att göra FN-systemet mer öppet, ansvarsfullt och effektivt och därmed öka dess legitimitet och allmänhetens insyn. Parlamentet för den sydamerikanska statsgemenskapen Mercosur har till exempel år 2011 rekommenderat upprättandet av en UNPA för att "stärka effektiviteten, öppenheten, representativiteten, pluraliteten och legitimiteten hos de institutioner som utgör FN-systemet".[176] Samma år uttryckte EP stöd för upprättandet av en UNPA inom FN-systemet för att "göra de globala styrelseformerna mer demokratiska till sin karaktär, öka deras demokratiska ansvarsskyldighet och öppenhet och göra det möjligt att öka allmänhetens deltagande i FN:s verksamhet".[177]

De tillsynsfunktioner som är förknippade med dessa mål ska ses som parlamentarisk övervakning baserad på samarbete med FN:s befintliga kontrollmekanismer, såsom FN:s internrevision. I detta sammanhang är det viktigt att delegaterna bibehåller en oberoende och stark ställning som upprätthålls av en "ovedersäglig rätt till information, delaktighet och kontroll", som EP krävde för en UNPA 2005.[178]

Boutros-Ghali föreslog att en UNPA:s tillsynsfunktioner också skulle utvidgas till Världsbanken, IMF och WTO.[179] Detta kan initialt regleras enligt internationell rätt genom samarbetsavtal med respektive institutioner och senare genom att ändra dessas respektive stadgar. En eller flera specialiserade utskott i en UNPA kan ägna sig åt denna uppgift.

Resultaten av delegaternas arbete kan bli föremål för regelbunden rapportering som en UNPA skulle presentera om verksamheten i de viktigaste institutionerna i det internationella systemet.

Att involvera en UNPA i viktiga personalbeslut och i utformningen av budgeten inom FN - och eventuellt också andra institutioner - skulle vara ett ytterligare steg mot att öka öppenheten i FN-systemet och involvera befolkningen i dess styrning.

---

[176] Parlamento del Mercosur, 2011.

[177] EP, 2011, para. bf); se även PACE, 2006, som understryker möjligheten att på detta sätt minska den "globala styrningens demokratiska underskott"; och EP, 2018, para. m), om att "öka de globala styrelseformernas demokratiska ansvarsskyldighet och öppenhet" som uppgifter för en UNPA. Se även CUNPA 2009 och 2010.

[178] EP, 2005.

[179] Boutros-Ghali, 2007; senare också med stöd av CUNPA, 2009.

Kommunikation och samordnande funktioner

UNPA:ns rådgivande, övervakande och deltagande befogenheter skulle vara nära kopplade till ett substantiellt arbete, som i princip kan täcka en mängd områden och tillämpas brett. [180] Tänkbara områden är bland annat:

- Övervakning och regelbunden rapportering om utvecklingen inom viktiga globala områden, såsom klimatförändringar, demokrati, mänskliga rättigheter, ekonomi, miljö, hälsa och styrning.
- Organisering av arbetsgrupper med experter, expertutfrågningar och internationella specialistkonferenser.
- Kommunicera FN:s program och mål i medlemsstaternas offentliga politiska debatt och vice versa.
- Övervaka genomförandet av FN-program och internationella ramverk; överenskommelser, särskilt Agenda 2030 för hållbar utveckling och Parisavtalet för att bekämpa klimatförändringar.
- Övervaka effekterna av den globala finansiella och ekonomiska politiken och hur de relaterar till hållbar utveckling, livsmedelsförsörjning, utbildning, hälsa och fattigdomsbekämpning. [181]
- Implementering av program för att stärka rättsstaten såväl som demokratiska och hållbara sociala strukturer över hela världen.
- Främja informationsutbyte mellan IPI:er och i lämpliga fall samordna deras arbete som paraplyorganisation för internationellt parlamentariskt samarbete.
- Utarbeta förslag för att ta itu med globala utmaningar, som hållbarhet.
- Utarbeta förslag för att reformera FN och det internationella systemet samt ge rekommendationer för utvecklingen av internationell rätt.

6.2. Substantiellt arbete med globala problem

Denna lista illustrerar ett brett spektrum av möjliga uppgifter som en global parlamentarisk församling kan ta på sig redan i sitt första utvecklingsstadium. De deltagande staternas politiska vilja och den tilldelade budgeten skulle emellertid begränsa omfattningen av församlingens arbete och därmed tvinga den att fokusera på vissa ansvarsområden. Med tiden kan emellertid befintliga befogenheter utvidgas och ytterligare funktioner läggas till genom beslut av medlemsstaterna. Även med hänsyn till de begränsningar för den första

---

[180] Jämför väsentliga fokusfrågor för befintliga parlamentariska församlingar såsom PAP och PACE, vilka även består av politiska nyckelområden.

[181] CUNPA, 2009.

etappen som beskrivits här, och som inte förutsätter en överföring av överstatliga befogenheter, finns det en enorm potential i utvecklingen av en parlamentarisk församling.[182]

Detta gäller särskilt för det substantiella arbete där församlingens rådgivande funktioner skulle inbäddas. Det kan teoretiskt utvidgas till praktiskt taget alla globalt relevanta frågor och därmed "bidra till att hitta nya lösningar i situationer där regeringarnas politik inte längre är effektiv".[183]

Om en UNPA upprättas som ett underorgan till FN:s generalförsamling garanteras ett brett tillämpningsområde av FN-stadgan, och vid ett upprättande genom ett internationellt avtal kan det bestämmas av de avtalsslutande staterna. I båda fallen kan en parlamentarisk församling komplettera, sammankoppla och harmonisera det pågående substantiella arbetet genom FN:s institutioner och andra internationella organ samt göra detta transparent. Dessutom kan en UNPA fastställa sina egna prioriteringar. I enlighet med dess mandat som en parlamentarisk församling för mänskligheten kan prioriteringarna främst förväntas förläggas till områden som främjande av demokrati, skydd av de mänskliga rättigheterna, global hållbarhet och reformer av globala styrningsstrukturer. I utskott som inrättats av församlingen kan dessa och andra frågor behandlas fortlöpande.

Ett tydligt engagemang för demokrati och för de mänskliga rättigheternas grundläggande värderingar, såväl som för internationellt samarbete baserat på principer om rättvisa och hållbarhet, är att betrakta som avgörande för en UNPA:s moraliska auktoritet och för inriktningen av dess arbete.

Ett sådant övergripande mandat kan formuleras i enlighet med FN-stadgan och UDHR. Det skulle normativt binda UNPA-delegaternas arbete och försvåra missbruk av forumet för spridning av odemokratiska, diskriminerande och splittrande idéer. Vi rekommenderar att stadgarna i en UNPA innehåller ett brett ansvarsområde för församlingens arbete, baserat på FN-stadgan och UDHR, utöver lämpliga rättigheter till information, deltagande och kontroll.

---

[182] Med tanke på den mängd möjligheter till funktioner och utveckling av en UNPA som FN-stadgan själv öppnar för, är det obegripligt att Deplano, 2019, kan komma till slutsatsen att en UNPA inte kan skapas "without tearing down fundamental provisions of the Charter" och att den därmed omöjligt skulle kunna utvecklas "via the evolutionary steps suggested by its proponents" (s. 32).

[183] Denna förväntan associerades med en UNPA redan år 2000 i PACE, para. 13: "Församlingen uppmuntrar FN att, i nära samverkan med IPU, börja utveckla en parlamentarisk dimension inom organisationen med liknande kompetenser som PACE. Ett sådant organ skulle kunna bidra till nya lösningar när regeringars politik inte längre är effektiv" (vår översättning).

6.3. Ett institutionaliserat nätverk av nätverk

En viktig del av de parlamentariska debatterna skulle äga rum i samband med regelbundna plenarmöten för UNPA:ns delegater. Det skulle vara lämpligt om dessa kunde hållas minst två gånger om året i form av offentliga sessioner som varar flera veckor. En av dessa sessioner kan med fördel schemaläggas under FN:s generalförsamlings årliga möte i New York, förslagsvis med användande av dess plenisal och andra faciliteter. Ytterligare samlingar, utskottsmöten och konferenser kan hållas på lämpliga platser runt om i världen. Organiseringen av dessa möten kräver en ökad insats men skulle ge möjlighet att kommunicera UNPA:ns arbete till en bredare publik i olika världsregioner. Det skulle också göra det lättare för en UNPA att främja en egen agenda utöver samarbetet med FN:s generalförsamling.

Utöver regelbundna plenarsessioner skulle en stor del av det pågående arbetet äga rum i specialutskott och andra organ. Som regel bör mötena i utskotten också vara offentliga. Utöver att vara inbäddad i FN-systemet och sammankopplad med andra globala institutioner, skulle en viktig uppgift för en UNPA vara ett nära och kontinuerligt samarbete med nationella parlament, med olika IPI:er och med civilsamhällets organisationer. Detta gäller även politiska grupper och enskilda delegater i en UNPA. Dessutom skulle experter behöva konsulteras regelbundet. En UNPA skulle därigenom fungera som "ett institutionaliserat nätverk av nätverk".[184]

Samverkan genom utskott

En UNPA:s fackutskott skulle påbörja genomförandet av dessa nätverkande uppgifter. De kunde träffas regelbundet, men inte uteslutande, med deltagande av icke-UNPA-delegater som är experter inom deras respektive område i andra parlament och tillhör motsvarande utskott där. UNPA:ns eller utskottens arbetsordning kan till exempel säkerställa att respektive parlamentariska utskott från medlemsstaterna beslutar om att skicka en representant till en session i UNPA:ns motsvarande utskott. UNPA:ns parlamentariska grupper bör ha möjlighet att kooptera ytterligare observatörer.[185]

En sådan sammansättning av utskotten skulle säkerställa en kontinuerlig sammansvetsning med de nationella parlamenten, även om UNPA:ns delegater helt eller delvis väljs direkt i senare utvecklingsstadier. Utskotten skulle

---

[184] CUNPA, 2013.
[185] Se ovan, s. 24 och 62 samt nedan s. 108.

också kunna hantera internationella förhandlingsprocesser. Ett visst antal ledamöter i berörda utskott skulle kunna sändas direkt som en UNPA-delegation till överläggningarna vid respektive mellanstatliga konferenser. Utskottens rekommendationer skulle vidarebefordras till UNPA:s plenarsession för slutligt övervägande och antagande och sedan kommuniceras därefter.

Upprättandet av ytterligare relationer till viktiga globala institutioner skulle inte bara underlätta ett bättre informationsutbyte utan också bidra till att samordna funktioner på denna nivå. Dessutom kan man komma överens om att bevilja företrädare för politiska organ och civilsamhällsorganisationer observatörsstatus vid plenarsessionerna och eventuellt vid UNPA:ns arbetsutskott - och vice versa. Som tidigare nämnts är det fullt möjligt att IPU fortsätter att förmedla och samordna de nationella parlamentens ståndpunkter i det globala systemet i samarbete med UNPA:n.

6.4. Inkludering av världssamhället

En viktig aspekt av en UNPA är dess koppling till det globala civilsamhället. Tidigt i kampanjen har det betonats att församlingen bör "tillhandahålla starka och effektiva sätt att inkludera det civila samhället i sitt arbete, särskilt NGO:er och lokala förvaltningar".[186]

Olika organisatoriska alternativ kan kombineras för detta ändamål. Förutom den tidigare nämnda möjligheten till observatörsstatus kan det också tänkas att en UNPA:s utskott utser ytterligare icke-röstande och rådgivande ledamöter under en begränsad tidsperiod. Dessa kan till exempel vara företrädare för NGO:er som arbetar inom relevanta områden. Utskotten kan även integrera information, rekommendationer och expertis direkt från det civila samhället i sina överläggningar genom utfrågningar. Dessutom kan andra oberoende organ anslutas. På detta sätt kan också företrädare för minoriteter och urfolk samt städer och kommuner involveras.

Organiseringen av regelbundna expertmöten och andra evenemang om UNPA:ns arbete över hela världen skulle inte bara öka församlingens synlighet för allmänheten, utan också bredda debatten om frågorna på dess dagordning och ge möjligheter till ny input. Dessutom skulle det stärka relationen mellan medborgare och deras representation på global nivå och integrera ytterligare sociala krafter i ansträngningarna för att möta gemensamma globala utmaningar.

[186] CUNPA, 2007b.

I detta sammanhang stöder vi forskning om inrättandet av ett världsforum för civilsamhället och dess koppling till en UNPA.[187] En sådan koppling kan skapa ett konstruktivt gränssnitt mellan det globala parlamentariska arbetet och världsmedborgarengagemanget - som båda skulle vara inriktade på att föra fram världsmedborgarnas grundläggande behov och konkreta bekymmer och översätta detta till globalt ansvarsfull politik.

Ett världsmedborgarinitiativ inom FN

Ett initiativ för globalt medborgardeltagande, som förs fram av DWB och en global allians av NGO:er, är förslaget om ett världsmedborgarinitiativ inom FN (UNWCI), vilket syftar till att inrätta en kollektiv rätt att föra fram förslag till FN:s generalförsamling och FN:s säkerhetsråd. Förslaget är bland annat baserat på det europeiska medborgarinitiativet (ECI) som fastställs i EU:s Lissabonfördrag och som ger EU-medborgare rätten att föra fram förslag till EU-kommissionen. Om ett initiativ kan få stöd från en miljon människor inom ett år måste EU-kommissionen ta upp förslaget. Ett UNWCI förankrat i FN kan på liknande sätt öppna världsorganisationen för ett direkt medborgerligt deltagande och bidra till att skapa en global politisk offentlig sfär. Ett UNWCI och en UNPA kan skapas oberoende av varandra. En UNPA kan tillhandahålla ytterligare möjligheter till medborgardeltagande, vilka särskilt bör inkludera ett framställningsutskott som enskilda medborgare kan vända sig till under vissa villkor.[188]

6.5. Media och digitalt deltagande

En UNPA skulle vara den högsta och bredaste demokratiska representationen för den globala befolkningen, men den skulle också vara den som är mest avlägsen från medborgarna. För att mildra de negativa effekterna av detta oundvikliga avstånd skulle engagemanget från medlemsstaternas politik, samhälle och media spela en viktig roll. Detta skulle inledningsvis variera mycket beroende på den politiska kulturen bland medlemsstaterna. När staterna väl beslutar att hålla direktval för sina UNPA-delegater skulle emellertid ansträngningarna för att öka den offentliga medvetenheten om församlingens verksamhet bli betydligt starkare. I detta sammanhang skulle människor generellt

---

[187] Om ett världsforum för civilsamhället, se ovan avsnitt 2.4.

[188] Hemsida: www.worldcitizensinitiative.org. För dess implementering se Organ & Murphy, 2019.

och direkt uppmanas att engagera sig i UNPA:ns arbete och att delta i samhällsdebatter om globala frågor.

Moderna kommunikationsmedel underlättar medborgarnas allmänna och direkta tillgång till sina representanter på global nivå. Den ökande digitala sammankopplingen i det globala samhället gör det möjligt att göra UNPA:ns pågående arbete mer transparent över hela världen och föra det närmare människor. Ett uppenbart steg skulle vara att sända och dokumentera församlingens plenar- och utskottsmöten online. En annan åtgärd skulle vara att kontinuerligt tillhandahålla information om globala frågor och församlingens strategier för lösningar. Fokus måste utan tvekan ligga på att inspirera hela befolkningens intresse med ett program som är lättillgängligt och allmänt begripligt.

Vi förespråkar också att det undersöks i vilken utsträckning nya informationsteknologiska verktyg kan användas för att tillföra innovativa element av elektronisk demokrati till församlingens arbete. Under förutsättning att ett stabilt och säkert förfarande är genomförbart kan det övervägas att komplettera de ordinarie sessionerna med regelbundna virtuella möten, vilket i hög grad skulle gynna kontinuiteten och dynamiken i samarbetet mellan delegater från hela världen (och också bidra till minskade koldioxidutsläpp). Denna virtuella offentliga sfär skulle också kunna utvidgas på lämpligt sätt till UNPA:ns utskottsarbete, gemensamma organ med andra institutioner och till rådgivande forum med representanter från civilsamhället. Vidare bör "innovativa former av medborgardeltagande i en UNPA" utforskas, till exempel möjlig implementering av "modeller för elektronisk direkt eller "flytande" demokrati som gör det möjligt för medborgarna att delta i överläggningar eller påverka beslutsprocesser".[189]

Transnationell e-demokrati förutsätter erkända, säkra och transparenta tekniska lösningar som möjliggör så bred och representativ bildning av åsikter som möjligt. På denna grundval skulle det vara tänkbart att erbjuda medborgarna vägar att göra framställningar till en UNPA online eller att till exempel koppla samman församlingens överläggningar med online-omröstningar från intresserade individer. Det bör också vara möjligt att samordna politiska och sociala åtgärder relaterade till församlingens substantiella arbete via motsvarande onlineplattformar.

Sådana digitala tillvägagångssätt ska inbäddas i det vidare perspektivet att förena människor över gränserna och att demokratiskt involvera dem i glo-

---

[189] CUNPA, 2013.

bala politiska beslut. I den utsträckning som en demokratisering av det globala systemet kan fortskrida också genom att utveckla former av transnationell e-demokrati skulle en UNPA kunna spela en nyckelroll i detta sammanhang.

Även om en UNPA initialt inte skulle husera i en särskild byggnad, skulle den kunna presentera sig som ett gemensamt hus för mänskligheten i ett virtuellt utrymme som är lättillgängligt för människor från alla länder att delta i för att utforma framtiden tillsammans med sina parlamentariska företrädare.

6.6. Finansieringskrav

Storleken på en UNPA:s budget beror på arten och omfattningen av de uppgifter som tilldelats den samt den valda institutionella utformningen. Medan en hel rad funktioner är relativt kostnadsneutrala kräver andra sina egna organisations- och personalstrukturer. En för liten budget skulle begränsa det överenskomna handlingsområdet och därmed församlingens allmänna synlighet och auktoritet.

Det skulle åtminstone krävas medel för ett permanent sekretariat för att förvalta och organisera det parlamentariska arbetet. Dessutom skulle kostnader för den officiella översättningen av dokument från en UNPA tillkomma, vilka dock kan minskas under förutsättning att man kan komma överens om en begränsning till FN:s nuvarande fem officiella språk. Hur som helst måste UNPA-delegaternas arbetsförmåga och oberoende garanteras ekonomiskt. Åtminstone resor, boende och arbetskostnader för de viktigaste sessionerna måste täckas av UNPA:ns budget. Vid indirekta val från nationella eller eventuella regionala parlament finns det inga UNPA-specifika ersättningar men bonusar kan budgeteras, särskilt för att kompensera för de största skillnaderna i delegaternas ersättningsnivåer.

Uppförandet eller förvärvet av en ny UNPA-byggnad eller särskilda mötesrum tycks inte nödvändigt från början. Lämpliga lokaler för sekretariatet och utskotten måste dock hittas och finansieras. Om en stat är villig att tillhandahålla tillräckliga lokaler kan detta vara ett argument för att upprätta det administrativa huvudkontoret på aktuell plats. Det bör vara möjligt att sammankalla plenarmöten och andra möten i församlingen vid det administrativa huvudkontoret.

En extra kostnadspost uppstår för plenarmöten, utskott och andra möten. Om ytterligare möten med UNPA-delegater och offentliga evenemang som de organiserar i medlemsländerna ska äga rum, förutom den årliga sessionen under FN:s generalförsamling i New York, kommer en ytterligare organisatorisk ansträngning att bero på antalet och omfattningen av dessa aktiviteter. Slutligen måste medel finnas tillgängliga och budgeteras för arbete med media och publicitet.

Befintliga interparlamentariska organisationer som riktmärke

Frågan om församlingens ledamöter väljs indirekt av parlamenten eller direkt av medborgarna i medlemsstaterna är av stor betydelse för kostnadsberäkningen. För det första alternativet är budgetarna för befintliga internationella parlamentariska församlingar ett bra riktmärke.

IPU, de nationella parlamentens internationella organisation med nästan global räckvidd, hade en budget på cirka 17 miljoner amerikanska dollar (cirka 150 miljoner SEK) under år 2019.[190] Bland annat möjliggör denna budget att finansiera två plenarsessioner per år på olika platser, olika regionala evenemang, fyra permanenta arbetsutskott och underhåll av ett permanent kontor i Genève med 40 anställda.[191]

Ett annat exempel är PAP med en budget på 16,4 miljoner amerikanska dollar (cirka 143 miljoner SEK) för år 2020. Åtminstone två årliga plenarmöten är planerade, som kan pågå i upp till en månad. Dessutom har PAP nio permanenta utskott och en ad hoc-kommitté för olika sociala frågor. Sekretariatet drivs av 74 anställda.[192]

Budgeten för PACE är av liknande storlek med 17,4 miljoner euro (cirka 180 miljoner SEK) för år 2019 (Europarådets ordinarie budget för samma år var 244,7 miljoner euro eller ca 2,5 miljarder SEK). Organisationen håller offentliga plenarsessioner i Strasbourg som varar flera dagar fyra gånger om året för att diskutera de rekommendationer och resolutioner som utarbetats av dess olika utskott. Dessa utskottsmöten äger rum både under nämnda sessioner och under året i någon av de 47 medlemsstaterna. För året 2019 inkluderade budgeten 11,3 miljoner euro (eller ca 117 miljoner SEK) i personalkostnader för de cirka 90 anställda i sekretariatet.[193]

Om man antar att en UNPA uteslutande består av ledamöter i nationella parlament, har ett jämförbart utbud av funktioner och ett liknande antal an-

---

[190] 16 miljoner Schweiziska franc med valutakurs som omvandlar 1 CHF till 0,94 EUR och 1 EUR till 1,12 USD enligt kursen 6 juli 2020. Siffror i detta avsnitt baseras på denna kurs.

[191] IPU, 2018.

[192] Efter budgetnedskärningar 2019 ifrågasätter PAP emellertid om det överhuvudtaget har förutsättningar att fortsätta sitt arbete utifrån tillgängliga medel, se New Vision, 2019.

[193] PACE, 2017, appendix I.

ställda, skulle dess budget ungefär motsvara de ovan nämnda organisationerna. Om församlingen beviljades ytterligare ett visst utrymme på grund av den breda dimensionen av dess arbete och det högre antalet ledamöter jämfört med regionala IPI:er, såsom PACE eller PAP, kan den minimibudget som krävs för en UNPA grovt uppskattas till cirka 22,5 till 34 miljoner amerikanska dollar (ca 197 till 297 miljoner SEK) per år.

Detta belopp kan täckas genom att det införlivas i FN:s ordinarie budget, under förutsättning att UNPA:n upprättas enligt artikel 22 i FN-stadgan. I världsorganisationens tvååriga budget, som uppgick till 5,39 miljarder amerikanska dollar (ca 47 miljarder SEK) för 2018 och 2019, skulle UNPA:ns budget ha en andel på cirka en procent. En del av UNPA:ns utgifter som inte tillhör kärnverksamhet kan också täckas av frivilliga bidrag från FN:s medlemsstater.

För att underlätta bördan av den direkta kostnaden kan frivilliga bidrag till direkt finansiering av UNPA:n av icke-statliga enheter, såsom individer, företag och andra juridiska personer, också underlättas, i linje med artikel 116 i ICC-stadgan. En förutsättning för sådana bidrag är definitionen av kriterier som särskilt säkerställer att UNPA:ns politiska och operativa oberoende inte äventyras av sådana donationer.

Budgeten vid införande av direktval

Medan en UNPA:s budgetvolym kan betraktas som blygsam om delegaterna väljs indirekt från parlamenten, kommer betydligt högre ekonomiska resurser att krävas om de väljs av parlamenten ur befolkningen eller om det tillämpas direkta val. I dessa fall är det inte de nationella parlamentarikerna som tar på sig UNPA-relaterade uppgifter utöver deras befintliga nationella mandat. Istället upprättas ett självständigt globalt mandat för vilket delegater måste betalas i enlighet därmed. Även om ett helt direktvalt världsparlament endast är ett långsiktigt mål är det önskvärt att göra en grov uppskattning av dess kostnader.

Om man antar att 800 delegater betalas enligt ersättningen för Europaparlamentariker - 8 932,86 euro (cirka 93 000 SEK) brutto per månad plus utgifter på 4 563 euro (cirka 47 000 SEK)[194] skulle detta innebär en totalkostnad på cirka 129,5 miljoner euro (cirka 1,34 miljarder SEK) per år. Med en utökad personal skulle UNPA:ns totala årliga budget då kunna landa på cirka 200 miljoner euro (eller 2 miljarder SEK). Dessutom tillkommer kostnader för

---

[194] Från juli 2019 (www.europarl.europa.eu/news/sv/faq/14/sammanfattning-av-ersättningar).

själva valet, som kan minskas avsevärt om valet av UNPA:ns delegater kombinerades med nationella eller andra överstatliga val.

Budgeten för en direktvald UNPA skulle vara i storleksordning med sådana mellanstatliga organisationer som Europarådet (200 miljoner euro eller 2,5 miljarder SEK)[195], OSSE (137,8 miljoner euro eller 1,4 miljarder SEK)[196] eller ICC (150 miljoner euro eller 1,5 miljarder SEK).[197] I kontrast till dessa uppgick EP:s budget med cirka 7 000 anställda år 2018 till cirka 1,95 miljarder euro (eller 20 miljarder SEK), men utgjorde endast cirka 1,2 procent av EU:s totala budget.[198] En budget av denna dimension skulle förmodligen bara vara möjlig för en UNPA genom att utöka FN:s totala budget i motsvarande grad - eller för en efterträdande världsorganisation med överstatliga befogenheter. Icke desto mindre är budgetens storlek en indikation på att stater i samband med utvecklingen av överstatlig integration även måste fästa stor uppmärksamhet på parlamentarisk legitimitet och samråd kring gemensamma uppgifter. Detta är avgörande för att förhindra uppfattningen om ett demokratiskt underskott och en varaktig förlust av förtroende för politiken hos befolkningen.

Om en UNPA börjar som en församling sammansatt av nationella och eventuellt regionala parlamentariker, som vi har rekommenderat, bör medlemsstaterna fortfarande vara fria att själva besluta om att införa direktval av delegaterna som tilldelats dem. Den initialt förmodade långsamma tillväxten i andelen direktvalda parlamentariker skulle antagligen inte vara en stor börda för den totala budgeten och skulle bara bli mer belastande på längre sikt. Eftersom extrakostnaderna för direktvalda UNPA-ledamöter inte utan vidare kan överföras till alla medlemsstater, skulle det vara rimligt att upprätta en separat budget förutom den faktiska budgeten för UNPA, som skulle finansieras enligt en rättvis fördelningsformel av de stater som väljer direktval. Denna budget skulle kunna användas på ett enhetligt sätt för att särskilt betala ersättningar för direktvalda delegater och deras personliga personal.

Den betydligt högre kostnaden för en församling med en ökande andel direktvalda ledamöter hänger naturligtvis samman med en betydande ökning av dess effektivitet. I synnerhet skulle det bana väg för omfattande substantiella program och tillsynsfunktioner på global nivå som genomförs av parlamentariker och deras personal, som skulle kunna ägna hela sin arbetstid åt

---

[195] Den totala budgeten för 2020 och 2021 är 496 miljoner euro (www.coe.int/en/web/about-us/budget).

[196] För 2018 (www.osce.org/de/permanent-council/381499).

[197] För 2020 (https://asp.icc-cpi.int/iccdocs/asp_docs/ASP18/ICC-ASP-18-10-ENG.pdf).

[198] För 2018 (www.europarl.europa.eu/news/sv/faq/26/hur-stor-ar-parlamentets-budget).

UNPA:n. Därmed skulle globala företrädare i samarbete med FN:s mångfald av aktiviteter kunna bidra mer effektivt till att förbättra villkoren för världens befolkning på många sätt och ge människor en stark röst i globala frågor. En investering i mer effektiv och demokratisk global styrning bör anses vara värdefull och ekonomiskt sund. Värdet av sådana investeringar kommer på lång sikt kraftigt att överväga de enorma direkta och indirekta kostnaderna för dysfunktionaliteten i dagens system, som faktiskt kan orsaka den moderna civilisationens sammanbrott.

7. Framtidsutsikter

7.1. Från en UNPA till ett globalt parlament

Konceptet med en UNPA kombinerar ett realistiskt och genomförbart första steg med en omfattande vision om global förändring. Utifrån exemplet med befintliga IPI:er kan en UNPA upprättas relativt enkelt till en överkomlig kostnad och omgående utföra viktiga funktioner i FN-systemet. Men dess betydelse är större än så: I egenskap av en demokratiskt legitimerad representant för världens befolkning skulle församlingen från början ha möjlighet att utmärka sig som en katalysator för transparent politik i det globala allmänintresset och för de strukturella reformer som krävs för att uppnå en sådan politik. I samarbete med progressiva krafter i världen skulle den kunna arbeta på många olika sätt för att främja en ytterligare demokratisering och integration av det globala systemet - och därigenom också stärka sin egen ställning.

En vidareutveckling av den parlamentariska församlingen skulle vara relativt lätt att uppnå fram till en viss punkt. För en UNPA, som inrättats enligt artikel 22 i FN-stadgan, erbjuder sessionerna i FN:s generalförsamling ett bra tillfälle att regelbundet samråda och besluta med majoritetsomröstning om ytterligare befogenheter och uppgifter för organet. Om den istället upprättas genom ett internationellt avtal skulle regelbundna konferenser med statliga parter utgöra ramen för utvidgningen av församlingens ansvar.[199]

Ett nytt politiskt utrymme

Inrättandet av en UNPA kopplas ihop med förväntningarna om att församlingen skulle stödja och stärka legitimiteten i FN:s arbete liksom i det multilaterala samarbetet i allmänhet. Detta borde vara i FN:s och en stor majoritet av dess medlemsländers intresse. En UNPA skulle skapa ett nytt globalt politiskt utrymme som väcker allmänhetens uppmärksamhet och stöd.

Församlingen och dess delegater skulle använda sitt mandat till att engagera sig i politiska diskussioner på världsnivå, att främja sina egna initiativ

---

[199] Det får inte vara alltför svårt att göra förändringar av en UNPA:s stadgar till skillnad från t.ex. art. 109 i FN-stadgan (vetorätt för P5) eller art. 121 i ICC-stadgan (krav på 7/8 majoritet).

och till att representera transnationella perspektiv, särskilt i syfte att säkerställa "framtida generationers överlevnad och välbefinnande samt att bevara de naturliga förutsättningarna för liv på jorden."[200] De kan spela en viktig roll i samarbete med andra institutioner och rörelser i civilsamhället för att bygga upp politiskt tryck för lämpliga åtgärder av FN och regeringarna. Denna drivkraft kan bland annat spela en viktig roll för att stärka kampen mot klimatförändringar och målet om nollutsläpp.

Ett troligt fokus för församlingen skulle vara att involvera medborgare och civilsamhällesorganisationer i de internationella institutionernas arbete - vilket skulle leda till att reforminitiativ kunde kanaliseras in i de globala styrningssystemen. Även utan en översyn av FN-stadgan och överstatliga befogenheter bör inte en UNPA:s inflytande underskattas.[201]

Det kollektiva främjandet av nödvändig politisk förändring och användandet av en tillsynsfunktion skulle bidra till ett allt starkare förtroende för församlingen hos många människor och i sin tur ge organet en allt viktigare roll. Ett växande stöd i världen borde övertyga regeringar att fortsätta en motsvarande process för ytterligare organisatorisk och juridisk utveckling av församlingen.[202]

Ett särskilt viktigt steg skulle vara att utvidga UNPA:ns parlamentariska rådgivnings- och tillsynsfunktioner utöver FN till IMF, Världsbanken och WTO genom lämpliga samarbetsavtal. Dessa institutioner utövar inte bara ett enormt inflytande på det globala finansiella systemet och världshandeln, utan också på nationella ekonomier. De har under lång tid kritiserats för bland annat brist på insyn, odemokratiska beslutsprocesser, undergrävande av mänskliga rättigheter, försvårande av sociala och ekologiska standarder samt problematiska återverkningar, särskilt på ekonomier i det globala syd. En UNPA skulle kunna "övervaka sambandet och effekterna av den globala finansiella och ekonomiska politiken på andra områden som hållbar utveckling, livsmedelsförsörjning, utbildning, hälsa och fattigdomsbekämpning" och "bidra till att öka medvetenheten om en farlig utveckling innan den bryter ut."[203]

Dessutom skulle delegaterna kunna arbeta för att skapa en rättvis och hållbar världsekonomisk ordning i andra avseenden. Till exempel skulle organet kunna anförtros en roll i genomförandet av FN:s Agenda 2030, såsom föreslagits av EP.

---

[200] Enligt UNPA-kampanjens appell, CUNPA 2007a.

[201] Jfr även ovan, kap. 6.

[202] Om utvidgning av kompetens och ansvar, se även Leinen & Bummel, 2018, s. 371ff.

[203] CUNPA, 2009.

Ett avtal om frivillig ramlagstiftning är också tänkbart. UNPA:ns delegater skulle kunna få i uppdrag att utarbeta förordningar för vissa transnationella frågor i samarbete med regeringsrepresentanter och andra globala institutioner, som sedan skulle kunna översättas till nationell lag av parternas parlament.

Församlingen skulle således kunna stimulera uppkomsten av en grupp stater som använder UNPA:n för att uppnå ett ökat samarbete och ökad demokratisk legitimering för politiska åtgärder. Dess exempel och politiska aktiviteter skulle kunna bidra till viktiga framsteg när det gäller att försvara och stärka demokratin och rättsstatsprincipen samt FN:s omvandling.[204]

Införandet av direktval

Införandet av direktval spelar en central roll i den långsiktiga utvecklingen av församlingen. Som exemplet med EP visar skulle det stärka parlamentarikernas ställning och självförtroende, eftersom de då skulle kunna förlita sig på direkt folklig legitimering och helt fokusera på sina globala mandat. Därigenom skulle kapaciteten för ett avsevärt utökat funktionsområde etableras.

Så snart direktval hålls i en majoritet av staterna kommer förmodligen inte organet längre att betraktas som en parlamentarisk församling utan som ett världsparlament. Viljan att införa direktval - och att därmed också ge parlamentet en betydligt större budget - skulle bekräfta att det blivit en allmän uppfattning i världssamhället att global politik kräver direkt demokratisk legitimering för att vara allmänt accepterad och effektiv.

Om stater själva kan besluta när de ska införa direktval för de parlamentsledamöter som tilldelats dem, vilket vi rekommenderar, skulle denna utveckling - till skillnad från exemplet med EP - inte vara ett språng, utan en kontinuerlig process. Varje land skulle själv kunna bestämma takten. När progressiva länder går framåt kan andra lära av deras erfarenheter och det skulle förmodligen skapa politisk genomslagskraft till förmån för direktval.

Den gradvisa introduktionen av direktval skulle emellertid också lyfta fram motsättningen i ett representativt organ för folket som huvudsakligen bara har rådgivande befogenheter i globala beslutsprocesser. Förr eller senare skulle det bli omöjligt att få befolkningen att förstå de ansträngningar som görs för att välja och ge mandat till människor från alla delar av världen att kunna arbeta globalt, om de knappt kan bestämma något alls. I takt med att UNPA:ns demokratiska legitimitet ökade skulle den kunna ta en mer aktiv

---

[204] Jfr också Soros, 1998, s. 287 och Leinen & Bummel, 2018, s. 94f.

roll i den globala styrningen, vilket kan och bör innefatta en ledande roll i en global konstitutionell process som leder till en ny världsorganisation.

En ny världsorganisation

Överföringen av rättigheter att delta i lagstiftandet förutsätter ett rättsligt ramverk för bindande reglering av globala frågor. Detta är omöjligt utan att först omvandla FN till en överstatlig världsorganisation och utveckla en global rättsordning.[205] Ett FN-parlament skulle sannolikt eftersträva detta mål och mobilisera stöd från världssamhället.

Konkret skulle detta innebära en omfattande ändring av FN-stadgan samt andra mellanstatliga fördrag och i praktiken skapandet av en ny världsorganisation baserad på en världskonstitution som integrerar det nuvarande systemet av globala mellanstatliga institutioner. Enligt DWB bör en ny världsorganisation grundas på ett lika världsmedborgarskap för alla människor och på principerna om federalism, subsidiaritet, maktfördelning, rättsstatsprincipen, grundläggande mänskliga rättigheter och skydd av minoriteter. Dess befogenheter och uppgifter skulle således begränsas till sådana som bäst kan utföras på global nivå, medan ansvaret för andra uppgifter ligger kvar på mer lokala samhällsnivåer, till exempel regionala organisationer, enskilda stater eller därunder.[206] I ett sådant ramverk skulle världsparlamentet, som huvudorgan för en världslegislatur, säkerställa världsbefolkningens demokratiska representation i det globala beslutsfattandet och ställa den exekutiva makten till svars.

Vi stödjer en modell för ett globalt tvåkammarsystem med ett världsparlament som företräder folket och en annan församling som företräder staterna. Denna institutionella modell, och ett världssamhälle som i allt högre grad organiseras demokratiskt, rättvist och enligt rättsstatsprincipen, skulle skapa förutsättningar för kvalificerade majoritetsbeslut för att anta global lagstiftning inom områden av globalt intresse.[207] Slutligen, när det gäller världsparlamentet, bör det på lång sikt ske en gradvis övergång från en viktad representation baserad på länder till kollektiva direktval av världsbefolkningen baserat på principen om "en person - en röst".

---

[205] Jfr Leinen & Bummel, 2018, s. 379ff; Leinen & Bummel, 2019; Bummel, 2014.

[206] Se även Leinen & Bummel, 2019, s. 201.

[207] Detta inkluderar möjligheten till global beskattning. En del av intäkterna kunde användas för att finansiera den nya världsorganisationens verksamhet och särskilt ett direktvalt världsparlament.

7.2. Parlamentariker som katalysator för reform - EP som exempel

När världsbefolkningen och de politiska beslutsfattarna ser att en UNPA upp-märksammas och får ställningen som ett viktigt globalt centrum för politisk debatt och programmatiskt arbete, kommer sannolikt dess befogenheter och arbetsuppgifter att utvidgas: "I takt med att dess trovärdighet befästes, att regeringar blev mer bekväma med den, att dess egna institutionella rötter fick fäste och att dess informella inflytande utvidgades, skulle också dess formella befogenheter växa."[208] EP står för ett inspirerande exempel i detta hänseende.[209] I likhet med förslaget om en UNPA började EP som en parlamentarisk församling under Europeiska kol- och stålgemenskapen (EKSG) 1952. Den gemensamma församlingens befogenheter, vars ledamöter skickades av de nationella parlamenten, begränsades till rådgivande och övervakande funktioner. Under den europeiska integrationen utvecklades dock organet kontinuerligt. I många avseenden motsvarar dess struktur och funktion nu de nationella parlamentens.

Historiskt visar den europeiska integrationsprocessen att delegater från olika politiska inriktningar har spelat en avgörande roll i både den övergripande institutionella utvecklingen av den Europeiska gemenskapen och i att stärka sina egna rättigheter till medverkan redan från början.[210]

Ett viktigt krav var införandet av direktval.[211] Redan 1952 presenterade den gemensamma församlingen, på medlemsländernas vägnar, ett utkast till fördrag för inrättandet av den Europeiska politiska gemenskapen. Utkastet förespråkade bland annat ett direktvalt parlament, en senat bestående av företrädare för de nationella parlamenten, en överstatlig verkställande makt och en försvarsgemenskap. Initiativet misslyckades 1954 på grund av motstånd från Frankrike. Tre år senare föreskrev dock Romfördraget från 1957 införandet av direkta val av europeiska delegater, vilket emellertid inte skulle komma att genomföras förrän 1979.[212]

Fram till början av 1970-talet förblev församlingens befogenheter begränsade. Därefter kombinerades viktiga steg i den europeiska integrationen med utvecklingen av EP, vilket i sin tur ledde till ytterligare reformarbete från delegaterna. Från och med 1971 började medlemsländerna efter hand svara på

---

[208] Heinrich, 2010, s. 35.

[209] Om EP:s roll i utvecklingen av EU och parlamentets egen institutionella utveckling, se EP:s publikationer på www.europarl.europa.eu/historicalarchives/en/publications.html.

[210] Kaiser, 2018; Corbett, 2001.

[211] Initiativen från EKSG och EP granskas av Piodi, 2009.

[212] Om församlingens roll i fördragsförhandlingarna, se Piodi, 2007.

parlamentarikernas anmaningar om att få delta i planeringen av gemenskapens budget, och från 1975 måste de årliga budgetarna (med undantag för de obligatoriska utgifterna) godkännas av EP. 1976 gav regeringarna också efter för parlamentets tryck att genomföra de överenskomna direktvalen, vilka alltså första gången hölls 1979.[213]

I början av 1980-talet utarbetade en EP-kommitté under ledning av Altiero Spinelli ett utkast till fördrag för en ny Europeisk Union formad utifrån en federalistisk strategi, som fick stöd av en överväldigande majoritet av delegater från hela det politiska spektret 1982.[214] Även om den föreslagna konstitutionen inte antogs av regeringarna, återupplivade den reform- och demokratiseringsprocessen inom den Europeiska Gemenskapen och bidrog till att den politiska förlamning som rådde vid den här tidpunkten, även känd som "euroskleros", kunde övervinnas.

Därefter följde många delegater en strategi med små steg. Detta återspeglades i motsvarande rekommendationer och krav till medlemsländerna på grundval av bland annat parlamentariska debatter. Dessutom användes organets organisatoriska förbindelser med kommissionen, rådet, de nationella parlamenten och proeuropeiska krafter inom politik och samhälle.[215] En stor framgång för detta arbete var förmågan att betona utvecklingen av en politiskt känslig legitimitetskris, eftersom allt fler uppgifter överfördes till europeisk nivå utan att säkerställa adekvat representation och deltagande för befolkningen.[216] Detta underbyggde de politiska kraven på en avsevärd utvidgning av EP:s funktioner. Sedan fördraget om den europeiska enhetsakten 1986 har EP varit involverat i den allmänna lagstiftningen. Dess deltagande har ökat stadigt sedan dess. Dessutom utövar EP nu omfattande tillsynsfunktioner i förhållande till EU-institutionerna.

EP:s arbete har rönt uppskattning bland befolkningen, inklusive majoritetens önskan att ytterligare stärka dess roll.[217] Det förtroende som denna institution åtnjuter jämfört med andra är värt att notera.[218]

---

[213] Jfr Costa, 2016.

[214] EP, 1984; Bieber et al., 1985.

[215] Kaiser, 2018, s. 70-89.

[216] Ibid., s. 92.

[217] I en undersökning från 2019 stödde i genomsnitt 54% av de tillfrågade en större roll för EP i framtiden (10% ville att rollen skulle vara densamma och 21% en mindre roll; 10% var osäkra). I 25 medlemsstater var en majoritet för att stärka den, i 18 länder till och med en absolut majoritet. Se Eurobarometer, 2019.

[218] I en undersökning från 2018 litade en majoritet av respondenterna inte bara mer på EP än alla andra EU-institutioner utan i 20 medlemsstater till och med ännu mer än deras respektive nationella parlament eller regeringar, Eurobarometer, 2019, s. 33.

Även om de allmänna villkoren för utvecklingen av en UNPA och FN-systemet som helhet i många avseenden skiljer sig från det europeiska sammanhanget, har vi försökt visa att vi kan förvänta oss liknande ambitioner hos parlamentarikerna vad gäller arbete och reformer, möjligheter att utöva politisk inflytande, och inte minst en mestadels positiv respons från världens befolkning. I likhet med den första parlamentariska församlingen inom EU bör en UNPA kunna fungera som banbrytare och katalysator för en brådskande internationell omvandling, så att grundläggande strukturella brister i organisationen och demokratisk legitimering av gemensamma globala uppgifter kan tas itu med.

7.3. En uppmaning om deltagande

Det första steget mot en rådgivande UNPA kan tyckas vara av liten betydelse och inte särskilt brådskande med tanke på den internationella maktstrukturen och pressande globala problem. Men som vi har argumenterat i denna studie innebär steget trots allt en kraftfull politisk hävstång. Som Richard Falk and Andrew Strauss formulerade det öppnar en UNPA upp för en "socio-politisk dynamik av bemyndigande"[219] i det globala samhället som kan möjliggöra förverkligandet av en demokratisk världs-inrikespolitik.

Denna utveckling är emellertid inte någon given sak. Som ett rådgivande organ utan inneboende politisk makt kan en UNPA inte utvecklas på egen hand. Utan varaktigt intresse och politiskt engagemang från parlamentarikerna och det globala civilsamhället skulle den riskera att förvandlas till en skugga av sin potential - som ett internationellt instrument bland många andra som får liten uppmärksamhet, än mindre uppnår vidare utveckling. Det skulle också vara ett misstag att se en UNPA som ett universalmedel i sig mot all världens politiska sjukdomar, och som man besviket tar avstånd från när medicinen inte verkar fungera snabbt nog.

Dessutom är det inte givet att inrättandet av en UNPA automatiskt kan uppnås genom samma politiska logik som ligger till grund för existensen av många andra internationella institutioners parlamentariska organ. Trots att församlingen kan bildas på ett relativt enkelt sätt och kan utföra viktiga nya uppgifter inom FN kan starkt politiskt motstånd förväntas från vissa kretsar när stödet växer. Större medborgardeltagande, öppenhet och ansvarsskyldighet i det internationella systemet är inte alls mål som är attraktiva för alla nat-

---

[219] På originalspråk: "socio-political dynamic of empowerment", Falk & Strauss, 2007, s. 70.

ionella byråkratier. Därutöver kommer de långsiktiga utvecklingsperspektiven för ett transnationellt parlament som beskrivits här att framstå som alltför djärva för vissa tjänstemän i det nationellt och mellanstatligt organiserade världssystemet, för att inte tala om förespråkarna för nationalistisk, populistisk eller auktoritär politik.

Förverkligandet av detta projekt kräver därför ett aktivt engagemang från de som önskar en annan världsordning än den vi lever i idag; en demokratisk världsordning som fokuserar på människor och deras hemplanet jorden och som är bättre lämpad för att lösa globala problem. Utan en stark internationell allians av vidsynta politiker, NGO:er och flera länders medborgare kommer en UNPA inte att uppstå. När en UNPA väl är etablerad, kan församlingen emellertid bli den främsta bundsförvanten för globala reformkrafter. Den kommer att öppna upp det internationella systemet för människors oro, men också för kreativiteten och engagemanget hos många som redan är engagerade för sina medmänniskor eller för det globala samhället som helhet.

Detta engagemang kan mycket väl bli avgörande för om omvandlingen till en human, hållbar och demokratisk världsordning lyckas innan de globala kriserna blir okontrollerbara och förödande, vilket de tycks bli inom det nuvarande, väsentligen anarkiska, maktbaserade och fragmenterade världssystemet.

Ett framgångsrikt inrättande av en UNPA - som oundvikligen kräver ett godkännande från majoriteten av regeringarna - skulle vara en tydlig signal om förändring i sig. Den nya församlingen skulle stå för viljan att främja en human och hållbar världsordning. Den skulle uttrycka viljan hos världens folk att delta gemensamt i utformningen av planetens politik. Den skulle innebära ett förkastande av en global utveckling som kännetecknas av massivt våld, utarmning och förtryck i stora delar av världen, av det fortsatta hotet om förintelse genom massförstörelsevapen och av den ökande ödeläggelsen av livets ekologiska grunder. Den skulle också utgöra den institutionaliserade motsatsen till intoleranta, egoistiska, splittrande och kortsiktiga ansträngningar i världen, som är likgiltiga för andra människors och framtida generationers välbefinnande.

Från början skulle en UNPA vara mycket mer än bara en symbol och vägvisare. Genom ett nytt parlamentariskt forum i FN:s centrum skulle initiativ för nödvändig politisk förändring och strukturreform nå globala politiska beslutsprocesser mycket lättare än nu. Globala parlamentariker skulle uttryckligen få mandat att ge mänskligheten och individer en röst i det mellanstatliga politiska systemet.

Arbetet i en UNPA och dess utskott skulle ge vägledning för utvecklingen av konstruktiva utrikespolitiska strategier. Det skulle underlätta organiseringen av samordnade steg mot ytterligare demokratisering och förstärkning av den globala styrningens arkitektur, som skulle tas samtidigt i många länder, och bidra till utvecklingen av en motsvarande kollektiv "vi"-identitet för det globala medborgarskapet. För världsbefolkningen skulle en planetär politisk nivå - med ett globalt parlament i centrum - förväntas bli normalitet över tid.

Inrättandet av en UNPA är bara ett första steg, men ett väsentligt sådant. Det banar väg för en ny typ av världspolitik som gör att vi kan forma vår framtid kollektivt och demokratiskt. Denna väg måste tas nu, innan vi tappar kontrollen över vår planet och vårt öde. En UNPA är ytterst nödvändig och borde redan ha upprättats. Dess inrättande måste krävas av FN och regeringarna i dess medlemsländer. Vi uppmanar alla politiska och samhälleliga beslutsfattare, alla organisationer som är engagerade för det allmännas bästa och alla medborgare att ansluta sig till ansträngningarna för denna sak.

Stöd Demokrati utan gränser och kampanjen för en UNPA:

www.democracywithoutborders.org

www.unpacampaign.org

Bilagor

Tabeller över hur platser kan fördelas[220]

1. Möjlig fördelning per politiska grupper i utvalda länder

Möjligt antal platser vid indirekta val i en UNPA som tilldelas politiska grupper i de nationella parlamentens nedre kammare i de tio största FN-länderna och P5 i modellerna A, B och C ordnade enligt befolkningsstorlek.

Land, valår, totalt antal Partier	Antal platser i nat. parlament	% av platser i nat. parlament	Antal platser Modell A	Antal platser Modell B	Antal platser Modell C
Kina, 2018	2980		78	37	67
Kinas kommunistiska parti (CPC) *	2175	73,0	78	37	67
Övriga	805	27,0	0	0	0
Indien, 2019	543		76	37	42
National Democratic Alliance (NDA / BJP +)	372	68,5	54	26	30
United Progressive Alliance (UPA / INC +)	112	20,6	16	8	9
Federal Front	47	8,7	6	3	3
Övriga	12	2,2	0	0	0
USA, 2018	435		20	18	56
Demokraterna (D)	235	54,0	11	10	30
Republikanerna (R)	199	45,7	9	8	26
Indonesien, 2019	575		17	16	10
Indonesian Dem, Party of Struggle (PDI-P)	128	22,3	4	4	3
Golkar Party	85	14,8	3	3	1
Great Indonesia Movement Party (Gerindra)	78	13,6	2	2	1
Nasdem Party	59	10,3	2	2	1
National Awakening Party (PKB)	58	10,1	2	2	1
Democratic party (PD)	54	9,4	2	1	1

[220] Vi vill tacka Maher El Ghadban för assistans med att sammanställa den första tabellen och Liam Herbert för att uppdatera vissa uppgifter i den andra tabellen.

Land, valår, totalt antal Partier	Antal platser i nat. parlament	% av platser i nat. parlament	Antal platser Modell A	Antal platser Modell B	Antal platser Modell C
Prosperous Justice Party (PKS)	50	8,7	1	1	1
National Mandate Party (PAN)	44	7,7	1	1	1
United Development Party (PPP)	19	3,3	0	0	0
Pakistan, 2018	342		14	15	7
Pakistan Tehreek-e-Insaf (PTI)	149	43,6	8	8	4
Pakistan Muslim League (N), PML (N)	82	24,0	4	4	2
Pakistan Peoples Party (PPP)	54	15,8	2	3	1
Muttahida Majlis-e-Amal (MMA)	15	4,4	0	0	0
Övriga	42	12,3	0	0	0
Brasilien, 2018	513		13	14	11
Partido dos Trabalhadores (PT)	56	10,9	2	3	2
Partido Social Liberal (PSL)	52	10,1	2	2	2
Progressistas (PP)	37	7,2	1	1	1
Partido Social Democrático (PSD)	34	6,6	1	1	1
Movimento Democrático Brasileiro (MDB)	34	6,6	1	1	1
Partido Liberal / Partido da República	33	6,4	1	1	1
Partido Socialista Brasileiro (PSB)	32	6,2	1	1	1
Republicanos / Partido Republicano Brasileiro	30	5,8	1	1	1
Partido da Social Democr. Brasileira (PSDB)	29	5,7	1	1	1
Democratas (DEM)	29	5,7	1	1	0
Partido Democrático Trabalhista (PDT)	28	5,5	1	1	0
Övriga	119	23,2	0	0	0
Nigeria, 2019	360		13	14	7
All Progressives Congress (APC)	217	60,3	9	9	5
People's Democratic Party (PDP)	115	31,9	4	5	2
All Progressives Grand Alliance	9	2,5	0	0	0
Övriga	19	5,3	0	0	0
Bangladesh, 2018	300		11	13	6
Bangladesh Awami League (AL)	258	86,0	10	12	5
Jatiya Party (Ershad)	22	7,3	1	1	1
Bangladesh Nationalist Party (BNP)	6	2,0	0	0	0
Övriga	14	4,7	0	0	0
Ryssland, 2016	450		10	12	8
United Russia	343	76,2	8	10	7
Communist Party	42	9,3	1	1	1
Liberal Democratic Party	39	8,7	1	1	0
Just Russia	23	5,1	0	0	0

Land, valår, totalt antal Partier	Antal platser i nat. parlament	% av platser i nat. parlament	Antal platser Modell A	Antal platser Modell B	Antal platser Modell C
Övriga	3	0,7	0	0	0
Mexiko, 2018	500		9	11	7
National Regeneration Movement, MORENA	189	37,8	4	6	4
National Action Party (PAN)	83	16,6	2	2	1
Labour Party (PT)	61	12,2	1	1	1
Social Encounter Party (PES)PES)	56	11,2	1	1	1
Institutional Revolutionary Party (PRI)	45	9,0	1	1	0
Citizens' Movement	27	5,4	0	0	0
Övriga	39	7,8	0	0	0
Japan, 2017	465		9	11	16
Liberal Democratic Party (LDP)	284	61,1	7	9	11
Constitutionella Dem. Party of Japan (CDP)	55	11,8	1	1	2
Kibō no Tō (Party of Hope)	50	10,8	1	1	2
Komeitō	29	6,2	0	0	1
Övriga	47	10,1	0	0	0
Etiopien, 2015	547		8	10	4
Prosperity Party (PB)	512	93,6	7	9	3
Tigray People's Liberation Front (TPLF)	24	4,4	1	1	1
Filippinerna. 2019	245		8	10	4
Phi. Dem. Party – People's Power (PDP-Laban)	82	33,5	4	5	2
Nacionalista	42	17,1	2	2	1
Nationalist People's Coalition (NPC)	36	14,7	1	2	1
National Unity Party (NUP)	25	10,2	1	1	0
Liberal Party	18	7,3	0	0	0
Övriga	42	17,1	0	0	0
Egypten, 2015	245		7	10	4
Free Egyptians Party	65	26,5	3	4	2
Nation's Future Party	53	21,6	2	4	1
New Wafd Party	36	14,7	2	2	1
Homeland Defenders Party	18	7,3	0	1	0
Republican People's Party	13	5,3	0	0	0
Övriga	60	24,5	0	0	0
Vietnam, 2016	494		7	10	4
Communist Party*	473	95,7	7	10	4
Övriga	21	4,3	0	0	0
Storbritannien, 2019	650		6	8	9
Conservative	365	56,2	4	5	6

Land, valår, totalt antal Partier	Antal platser i nat. parlament	% av platser i nat. parlament	Antal platser Modell A	Antal platser Modell B	Antal platser Modell C
Labour	203	31,2	2	3	3
Scottish National Party (SNP)	48	7,4	0	0	0
Övriga	34	5,2	0	0	0
Frankrike, 2017	577		6	8	9
La République En Marche! (LREM)	308	53,4	5	6	7
The Republicans (LR)	112	19,4	1	2	2
Democratic Movement (MoDem)	42	7,3	0	0	0
Övriga	115	19,9	0	0	0

* inget annat oberoende parti tillåtet

2. Möjlig fördelning för alla FN:s medlemsländer

Möjligt antal platser i en UNPA att fördela per FN-medlemsstat i modellerna A, B och C i alfabetisk ordning.

Land	Befolknings- andel i %	Antal platser Modell A	% av platser Modell A	Antal platser Modell B	% av platser Modell B	Antal platser Modell C	% av platser Modell C
Afghanistan	0,49	4	0,5	6	0,7	2	0,2
Albanien	0,04	2	0,3	2	0,2	2	0,2
Algeriet	0,56	4	0,5	6	0,7	2	0,2
Amerikas förenta stater	4,33	20	2,5	18	2,1	56	6,6
Andorra	0,00	2	0,3	2	0,2	2	0,2
Angola	0,41	4	0,5	6	0,7	2	0,2
Antigua och Barbuda	0,00	2	0,3	2	0,2	2	0,2
Argentina	0,59	4	0,5	7	0,8	3	0,4
Armenien	0,04	2	0,3	2	0,2	2	0,2
Australien	0,33	3	0,4	5	0,6	5	0,6
Azerbajdzjan	0,13	3	0,4	3	0,4	2	0,2
Bahamas	0,01	2	0,3	2	0,2	2	0,2
Bahrain	0,02	2	0,3	2	0,2	2	0,2
Bangladesh	2,14	11	1,4	13	1,5	6	0,7
Barbados	0,00	2	0,3	2	0,2	2	0,2
Belarus	0,13	3	0,4	3	0,4	2	0,2

Land	Befolknings-andel i %	Antal platser Modell A	% av platser Modell A	Antal platser Modell B	% av platser Modell B	Antal platser Modell C	% av platser Modell C
Belgien	0,15	3	0,4	3	0,4	3	0,4
Belize	0,01	2	0,3	2	0,2	2	0,2
Benin	0,15	3	0,4	3	0,4	2	0,2
Bhutan	0,01	2	0,3	2	0,2	2	0,2
Bolivia	0,15	3	0,4	3	0,4	2	0,2
Bosnien och Hercegovina	0,04	2	0,3	2	0,2	2	0,2
Botswana	0,03	2	0,3	2	0,2	2	0,2
Brasilien	2,77	13	1,6	14	1,6	11	1,3
Brunei	0,01	2	0,3	2	0,2	2	0,2
Bulgarien	0,09	2	0,3	3	0,4	2	0,2
Burkina Faso	0,26	3	0,4	4	0,5	2	0,2
Burundi	0,15	3	0,4	3	0,4	2	0,2
Centralafrikanska republiken	0,06	2	0,3	2	0,2	2	0,2
Chile	0,25	3	0,4	4	0,5	2	0,2
Colombia	0,66	5	0,6	7	0,8	3	0,4
Costa Rica	0,07	2	0,3	2	0,2	2	0,2
Cypern	0,02	2	0,3	2	0,2	2	0,2
Danmark	0,08	2	0,3	2	0,2	2	0,2
Djibouti	0,01	2	0,3	2	0,2	2	0,2
Dominica	0,00	2	0,3	2	0,2	2	0,2
Dominikanska republiken	0,14	3	0,4	3	0,4	2	0,2
Ecuador	0,23	3	0,4	4	0,5	2	0,2
Egypten	1,30	7	0,9	10	1,2	4	0,5
Elfenbenskusten	0,33	3	0,4	5	0,6	2	0,2
El Salvador	0,09	2	0,3	3	0,4	2	0,2
Ekvatorial-Guinea	0,02	2	0,3	2	0,2	2	0,2
Eritrea	0,04	2	0,3	2	0,2	2	0,2
Estland	0,02	2	0,3	2	0,2	2	0,2
Etiopien	1,45	8	1,0	10	1,2	4	0,5
Fiji	0,01	2	0,3	2	0,2	2	0,2
Filippinerna	1,41	8	1,0	10	1,2	4	0,5
Finland	0,07	2	0,3	2	0,2	2	0,2
Frankrike	0,89	6	0,8	8	0,9	9	1,1
Förenade Arabemiraten	0,13	3	0,4	3	0,4	2	0,2
Gabon	0,03	2	0,3	2	0,2	2	0,2
Gambia	0,03	2	0,3	2	0,2	2	0,2
Georgien	0,05	2	0,3	2	0,2	2	0,2

Land	Befolknings-andel i %	Antal platser Modell A	% av platser Modell A	Antal platser Modell B	% av platser Modell B	Antal platser Modell C	% av platser Modell C
Ghana	0,39	4	0,5	5	0,6	2	0,2
Grekland	0,14	3	0,4	3	0,4	2	0,2
Grenada	0,00	2	0,3	2	0,2	2	0,2
Guatemala	0,23	3	0,4	4	0,5	2	0,2
Guinea	0,16	3	0,4	4	0,5	2	0,2
Guinea-Bissau	0,02	2	0,3	2	0,2	2	0,2
Guyana	0,01	2	0,3	2	0,2	2	0,2
Haiti	0,15	3	0,4	3	0,4	2	0,2
Honduras	0,13	3	0,4	3	0,4	2	0,2
Island	0,00	2	0,3	2	0,2	2	0,2
Indien	17,9	76	9,6	37	4,3	42	4,9
Indonesien	3,54	17	2,1	16	1,9	10	1,2
Iran	1,08	6	0,8	9	1,1	4	0,5
Irak	0,51	4	0,5	6	0,7	2	0,2
Irland	0,06	2	0,3	2	0,2	2	0,2
Israel	0,12	2	0,3	3	0,4	2	0,2
Italien	0,80	5	0,6	8	0,9	7	0,8
Jamaica	0,04	2	0,3	2	0,2	2	0,2
Japan	1,68	9	1,1	11	1,3	16	1,9
Jemen	0,38	4	0,5	5	0,6	2	0,2
Jordanien	0,13	3	0,4	3	0,4	2	0,2
Kambodja	0,22	3	0,4	4	0,5	2	0,2
Kamerun	0,33	3	0,4	5	0,6	2	0,2
Kanada	0,49	4	0,5	6	0,7	6	0,7
Kap Verde	0,01	2	0,3	2	0,2	2	0,2
Kazakstan	0,24	3	0,4	4	0,5	2	0,2
Kenya	0,68	5	0,6	7	0,8	4	0,5
Kina	18,4	78	9,8	37	4,3	67	9,9
Kiribati	0,00	2	0,3	2	0,2	2	0,2
Kirgizistan	0,08	2	0,3	3	0,4	2	0,2
Komorerna	0,01	2	0,3	2	0,2	2	0,2
Kongo (Brazzaville)	0,07	2	0,3	2	0,2	2	0,2
Kongo (Kinshasa)	1,11	7	0,9	9	1,1	3	0,4
Korea (Nord)	0,34	3	0,4	5	0,6	2	0,2
Korea (Syd)	0,68	5	0,6	7	0,8	6	0,7
Kroatien	0,05	2	0,3	2	0,2	2	0,2
Kuba	0,15	3	0,4	3	0,4	2	0,2

Land	Befolknings-andel i %	Antal platser Modell A	% av platser Modell A	Antal platser Modell B	% av platser Modell B	Antal platser Modell C	% av platser Modell C
Kuwait	0,05	2	0,3	2	0,2	2	0,2
Laos	0,09	2	0,3	3	0,4	2	0,2
Lesotho	0,03	2	0,3	2	0,2	2	0,2
Lettland	0,03	2	0,3	2	0,2	2	0,2
Libanon	0,09	2	0,3	3	0,4	2	0,2
Liberia	0,06	2	0,3	2	0,2	2	0,2
Libyen	0,09	2	0,3	3	0,4	2	0,2
Liechtenstein	0,00	2	0,3	2	0,2	2	0,2
Litauen	0,04	2	0,3	2	0,2	2	0,2
Luxemburg	0,01	2	0,3	2	0,2	2	0,2
Madagaskar	0,35	3	0,4	5	0,6	2	0,2
Malawi	0,24	3	0,4	4	0,5	2	0,2
Malaysia	0,42	4	0,5	6	0,7	3	0,4
Maldiverna	0,01	2	0,3	2	0,2	2	0,2
Mali	0,25	3	0,4	4	0,5	2	0,2
Marshallöarna	0,00	2	0,3	2	0,2	2	0,2
Malta	0,01	2	0,3	2	0,2	2	0,2
Marocko	0,48	4	0,5	6	0,7	2	0,2
Mauretanien	0,06	2	0,3	2	0,2	2	0,2
Mauritius	0,02	2	0,3	2	0,2	2	0,2
Mexiko	1,67	9	1,1	11	1,3	7	0,8
Mikronesien	0,00	2	0,3	2	0,2	2	0,2
Moçambique	0,39	4	0,5	5	0,6	2	0,2
Moldavien	0,05	2	0,3	2	0,2	2	0,2
Monaco	0,00	2	0,3	2	0,2	2	0,2
Mongoliet	0,04	2	0,3	2	0,2	2	0,2
Montenegro	0,01	2	0,3	2	0,2	2	0,2
Myanmar	0,71	5	0,6	7	0,8	3	0,4
Namibia	0,03	2	0,3	2	0,2	2	0,2
Nauru	0,00	22	0,3	2	0,2	2	0,2
Nepal	0,37	4	0,5	5	0,6	2	0,2
Nederländerna	0,23	3	0,4	4	0,5	4	0,5
Nicaragua	0,09	2	0,3	3	0,4	2	0,2
Niger	0,30	3	0,4	5	0,6	2	0,2
Nigeria	2,59	13	1,6	14	1,6	7	0,8
Nordmakedonien	0,03	2	0,3	2	0,2	2	0,2
Norge	0,07	2	0,3	2	0,2	2	0,2

Land	Befolknings-andel i %	Antal platser Modell A	% av platser Modell A	Antal platser Modell B	% av platser Modell B	Antal platser Modell C	% av platser Modell C
Nya Zeeland	0,06	2	0,3	2	0,2	2	0,2
Oman	0,06	2	0,3	2	0,2	2	0,2
Pakistan	2,81	14	1,8	15	1,8	7	0,8
Palau	0,00	2	0,3	2	0,2	2	0,2
Panama	0,06	2	0,3	2	0,2	2	0,2
Papua Nya Guinea	0,11	2	0,3	3	0,4	2	0,2
Paraguay	0,09	2	0,3	3	0,4	2	0,2
Peru	0,42	4	0,5	6	0,7	2	0,2
Polen	0,50	4	0,5	6	0,7	3	0,4
Portugal	0,14	3	0,4	3	0,4	2	0,2
Qatar	0,04	2	0,3	2	0,2	2	0,2
Rumänien	0,26	3	0,4	4	0,5	2	0,2
Ryssland	1,91	10	1,3	12	1,4	8	0,9
Rwanda	0,16	3	0,4	4	0,5	2	0,2
Saint Kitts och Nevis	0,00	2	0,3	2	0,2	2	0,2
Saint Lucia	0,00	2	0,3	2	0,2	2	0,2
Saint Vincent & Grenadinerna	0,00	2	0,3	2	0,2	2	0,2
Salomonöarna	0,01	2	0,3	2	0,2	2	0,2
Samoa	0,00	2	0,3	2	0,2	2	0,2
San Marino	0,00	2	0,3	2	0,2	2	0,2
Sao Tomé och Príncipe	0,00	2	0,3	2	0,2	2	0,2
Saudiarabien	0,45	4	0,5	6	0,7	4	0,5
Schweiz	0,11	2	0,3	3	0,4	3	0,4
Senegal	0,21	3	0,4	4	0,5	2	0,2
Serbien	0,09	2	0,3	3	0,4	2	0,2
Seychellerna	0,00	2	0,3	2	0,2	2	0,2
Sierra Leone	0,10	2	0,3	3	0,4	2	0,2
Singapore	0,07	2	0,3	2	0,2	2	0,2
Slovakien	0,07	2	0,3	2	0,2	2	0,2
Slovenien	0,03	2	0,3	2	0,2	2	0,2
Somalia	0,20	3	0,4	4	0,5	2	0,2
Spanien	0,62	5	0,6	7	0,8	5	0,6
Sri Lanka	0,29	3	0,4	5	0,6	2	0,2
Storbritannien	0,88	6	0,8	8	0,9	9	1,1
Sudan	0,55	4	0,5	6	0,7	2	0,2
Surinam	0,01	2	0,3	2	0,2	2	0,2
Sverige	0,13	3	0,4	3	0,4	3	0,4

Land	Befolknings-andel i %	Antal platser Modell A	% av platser Modell A	Antal platser Modell B	% av platser Modell B	Antal platser Modell C	% av platser Modell C
Swaziland	0,02	2	0,3	2	0,2	2	0,2
Sydafrika	0,77	5	0,6	8	0,9	3	0,4
Sydsudan	0,15	3	0,4	3	0,4	2	0,2
Syrien	0,22	3	0,4	4	0,5	2	0,2
Tadzjikistan	0,12	2	0,3	3	0,4	2	0,2
Tanzania	0,75	5	0,6	8	0,9	3	0,4
Tchad	0,20	3	0,4	4	0,5	2	0,2
Thailand	0,92	6	0,8	8	0,9	4	0,5
Tjeckien	0,14	3	0,4	3	0,4	2	0,2
Togo	0,10	2	0,3	3	0,4	2	0,2
Tonga	0,00	2	0,3	2	0,2	2	0,2
Trinidad och Tobago	0,02	2	0,3	2	0,2	2	0,2
Tunisien	0,15	3	0,4	3	0,4	2	0,2
Turkiet	1,09	7	0,9	9	1,1	5	0,6
Turkmenistan	0,08	2	0,3	2	0,2	2	0,2
Tuvalu	0,00	2	0,3	2	0,2	2	0,2
Tyskland	1,10	7	0,9	9	1,1	12	1,4
Uganda	0,57	4	0,5	7	0,8	2	0,2
Ukraina	0,59	4	0,5	7	0,8	2	0,2
Ungern	0,13	3	0,4	3	0,4	2	0,2
Uruguay	0,05	2	0,3	2	0,2	2	0,2
Uzbekistan	0,44	4	0,5	6	0,7	2	0,2
Vanuatu	0,00	2	0,3	2	0,2	2	0,2
Venezuela	0,38	4	0,5	5	0,6	3	0,4
Vietnam	0,27	7	0,9	10	1,2	4	0,5
Zambia	0,23	3	0,4	4	0,5	2	0,2
Zimbabwe	0,19	3	0,4	4	0,5	2	0,2
Österrike	0,12	2	0,3	3	0,4	2	0,2
Östtimor	0,02	2	0,3	2	0,2	2	0,2

Dokument

1. Kampanjdokument[221]

Appell för upprättandet av en parlamentarisk församling inom FN, 2007

Mänskligheten står inför uppgiften att säkra framtida generationers överlevnad och välbefinnande samt att bevara de naturliga förutsättningarna för liv på jorden. Vi är övertygade om att alla människor måste engagera sig i gemensamma ansträngningar för att kunna klara stora utmaningar såsom sociala orättvisor, spridning av massförstörelsevapen, hotet från terrorism och de globala ekosystemens sårbarhet.

För att värna det internationella samarbetet, säkra och sprida FN:s legitimitet och stärka dess handlingsförmåga, måste människor inkluderas mer effektivt och direkt i FN:s och dess internationella organisationers aktiviteter. De måste ges bättre möjligheter att delta i FN:s verksamheter. Därför rekommenderar vi att demokratiskt deltagande och representation på den globala nivån gradvis genomförs.

Vi anser att upprättandet av en rådgivande parlamentarisk församling inom FN är ett oumbärligt steg. Genom en sådan församling kan det etableras en viktig länk mellan FN, FN-systemets organisationer, regeringar, nationella parlament och civilsamhälle utan att det behöver göras en ändring i FN-stadgan i första skedet.

En sådan församling skulle inte bara vara en ny institution. Som medborgarnas röst skulle församlingen vara en manifestation och ett verktyg för en förändrad medvetenhet och förståelse för internationell politik. Församlingen skulle kunna bli en politisk katalysator för vidare utveckling av det internationella systemet och av internationell rätt. Den skulle också väsentligt bidra till FN:s förmåga att leva upp till sina högt ställda mål och till att forma globaliseringen positivt.

En parlamentarisk församling inom FN skulle initialt kunna vara sammansatt av nationella parlamentariker. Steg för steg bör den förses med verkliga rättigheter till information, deltagande och kontroll gentemot FN och

---

[221] I stigande kronologisk ordning. Även tillgängliga på www.unpacampaign.org.

FN-systemets organisationer. I ett senare skede skulle församlingen kunna väljas direkt.

Vi vädjar till FN och medlemsstaternas regeringar att upprätta en parlamentarisk församling inom FN. Vi uppmanar alla organisationer, beslutsfattare och medborgare som är engagerade för det internationella allmänintresset att stödja denna appell.

Meddelande från Dr. Boutros Boutros-Ghali, 2007

Det är med stor glädje jag framför dessa hälsningar till de organisationer och individer som har gått samman för att förespråka upprättandet av en parlamentarisk församling inom FN.

Över hela världen konfronteras stater och samhällen alltmer av krafter som ligger långt bortom den kontroll som någon enskild stat eller ens grupp av stater kan ha. En del av dessa krafter är omöjliga att stå emot, som till exempel globaliseringen av ekonomisk aktivitet och kommunikation. I denna process blir de problem som endast kan lösas effektivt på global nivå allt fler, och kraven på politisk styrning sträcker sig bortom statsgränserna i motsvarande grad. Ett utökat beslutsfattande på global nivå är oundvikligt. I denna process kommer emellertid demokratin inom staten att minska i betydelse om inte demokratiseringsprocessen går framåt på den internationella nivån.

Därför måste vi främja en demokratisering av globaliseringen innan globaliseringen förstör grunderna för den nationella och internationella demokratin.

Upprättandet av en parlamentarisk församling inom FN har blivit ett oumbärligt steg för att uppnå demokratisk kontroll över globaliseringen. Genom att komplettera den internationella demokratin bland stater, som i lika hög grad måste fortsätta utvecklas, skulle en sådan församling främja den globala demokratin bortom stater och ge medborgarna en verklig röst i världspolitiska frågor.

Som kampanjens appell med rätta antyder kan en parlamentarisk församling inom FN också bli en katalysator för en omfattande reform av det internationella systemet. I synnerhet vill jag påpeka att den borde bli en kraft för att tillhandahålla demokratisk tillsyn över Världsbanken, IMF och WTO.

Vi kan inte bara drömma eller vänta på att någon annan ska förverkliga vår dröm. Vi måste agera nu. Därför vill jag ge er min starkaste uppmuntran i er kamp för en parlamentarisk församling inom FN. Väl upprättat kommer detta nya organ innebära ett avgörande bidrag till att stärka demokratin på alla nivåer.

Slutsatser kring UNPA-kampanjens policy, 2007

Vid sitt möte den 19–20 november 2007 i "Palais des Nations" i Genève bekräftade UNPA-kampanjen den fastställda policyn i "Appell för upprättandet av en parlamentarisk församling inom FN" och noterade särskilt att:

- UNPA-kampanjen bedriver ett politiskt pragmatiskt tillvägagångssätt för att gradvis uppnå det långsiktiga målet om ett världsparlament.
- i ett första steg förespråkar kampanjen att en UNPA upprättas på ett sådant sätt som inte kräver en ändring av FN-stadgan.
- i UNPA-kampanjens appell anges att en rådgivande UNPA initialt skulle kunna vara sammansatt av nationella parlamentariker och att detta uttalande inte utesluter möjligheten att förespråka andras deltagande. Exempelvis förespråkar kampanjen även deltagande av regionala parlamentariska församlingar i en UNPA, till exempel Europaparlamentet och Panafrikanska parlamentet, och det kan övervägas att inkludera lokala myndigheter i en rådgivande UNPA.
- förutnämnda uttalande utesluter inte heller att förespråka en flexibel inställning till valförfarande. Kampanjen stöder strategin att UNPA:ns stadgar redan i det första steget bör tillåta de deltagande staterna att välja sina delegater genom direkta val om de så önskar.
- Kampanjen förespråkar en UNPA som är inkluderande och öppen för alla FN:s medlemsstater. Direkta val av UNPA:ns delegater betraktas emellertid som en förutsättning för att utrusta organet med lagstiftande mandat.
- Kampanjens policy stöder otvetydigt kravet att en UNPA måste tillhandahålla starka och effektiva sätt att inkludera det civila samhället i sitt arbete, särskilt NGO:er och lokala förvaltningar.
- Kampanjens policy eftersträvar målet att en UNPA, när den väl har inrättats, skulle förespråka och underlätta en reform av de internationella institutionernas och den globala styrningens nuvarande system.
- Kampanjen är medveten om att när appellen refererar till "FN och FN-systemets organisationer" kan detta tolkas som att omfatta Bretton Woods-institutionerna.

Upprättandet av en UNPA och den Interparlamentariska unionen, 2008

Vid ett möte 4-5 november 2008 i Europaparlamentet i Bryssel diskuterade kampanjen för upprättandet av en parlamentarisk församling inom FN (UNPA-kampanjen) frågan om relationen mellan den föreslagna UNPA:n och den Interparlamentariska unionen (IPU) och de två parlamentariska organens möjliga roller och funktioner.

UNPA-kampanjen drog slutsatsen att den föreslagna UNPA:n och IPU skulle vara kompletterande institutioner. En UNPA skulle inte ersätta eller duplicera IPU:s funktioner. Tvärtom skulle en UNPA erbjuda ett svar på den globala styrningens demokratiska underskott, vilket IPU i sin nuvarande struktur inte kan göra.

UNPA-kampanjen noterade särskilt:

(1) IPU är en sammanslutning av nationella parlament. Ett av dess syften är att tillhandahålla en "parlamentarisk dimension till det internationella samarbetet". IPU:s mål i detta sammanhang är att stärka de nationella parlamentens förmåga att utöva översikt och insyn i frågor av internationell art. Kampanjen understryker vikten av denna dimension.

(2) Syftet med en UNPA är att direkt och i egen rätt utöva parlamentariska funktioner på internationell nivå. Ett av dess mål är att kunna hålla FN:s chefer och dess institutioner ansvariga inför ett globalt parlamentariskt organ. IPU har ingen sådan kapacitet och strävar för närvarande inte heller efter att utveckla det.

(3) IPU:s syfte är att underlätta de nationella parlamentens arbete. En UNPA skulle däremot bestå av enskilda parlamentariker med uppdrag att tjänstgöra utifrån ett globalt perspektiv.

(4) Exemplet med det Panafrikanska parlamentet och den Afrikanska parlamentariska unionen visar att en UNPA och IPU inte behöver vara ömsesidigt uteslutande.

(5) På längre sikt skulle en UNPA kunna sättas samman av direktvalda ledamöter. Exemplet med Europaparlamentet och Konferensen mellan parlamentariska organ för EU-frågor (COSAC) visar att en till stor del direktvald UNPA och IPU skulle komplettera varandra och skulle båda vara nödvändiga på sitt sätt.

(6) UNPA-kampanjen stöder IPU:s arbete och uppskattar alla aktiva bidrag till upprättandet av en UNPA från IPU:s sida och från IPU:s medlemmar.

Upprop för global demokratisk kontroll av internationella finansiella och ekonomiska institutioner, 2009

På grund av den internationella finanskrisen står världssamfundet inför enorma sociala och ekonomiska problem. Uppfyllandet av millenniemålen är allvarligt hotat. Världens fattigaste drabbas hårdast. Det finns all anledning att frukta potentiellt allvarliga konsekvenser för den politiska stabiliteten och demokratin. Situationen kräver snabba och effektiva globala svar. En lämplig institutionell struktur måste skapas för att reglera och omorientera det finansiella systemet.

Multilaterala institutioner som Världsbanksgruppen, Internationella valutafonden och Världshandelsorganisationen har skapat en global policy med enorm inverkan på den internationella handeln, det finansiella systemet och de nationella ekonomierna. Vid denna kritiska tidpunkt måste det säkerställas att all förnyelse av de internationella monetära, finansiella och ekonomiska institutionernas system kommer att utrusta dessa med tillräckliga mandat och att de också på ett trovärdigt sätt görs mer legitima, transparenta, ansvariga, representativa, lyhörda och därmed mer demokratiska. Strukturen i ett sådant reformerat system måste byggas så att alla världens medborgare som berörs av dess policy och beslutsfattande, kan göra sina röster hörda vid utformningen, genomförandet och utvärderingen av de beslut som fattas. Denna uppgift bör stödjas genom skapandet av ett globalt organ av valda representanter.

Upprättandet av en parlamentarisk församling inom FN (UNPA) bör vara en viktig del av det framtida systemet för internationell finansiell och ekonomisk styrning. Initialt kan en UNPA huvudsakligen ha en rådgivande funktion. På längre sikt kan den utöva verklig global tillsyn över FN-systemets institutioner. En sådan församling skulle kunna

- övervaka sambandet och effekterna av den globala finansiella och ekonomiska politiken på andra områden som hållbar utveckling, livsmedelsförsörjning, utbildning, hälsa och fattigdomsbekämpning;
- bidra till att öka medvetenheten om en farlig utveckling innan den bryter ut;
- fungera som en vakthund som vakar över att reformer och regleringar genomförs effektivt;
- samla in synpunkter från gräsrotsnivå och civilsamhälle, med särskild uppmärksamhet på de svaga, fattiga och underprivilegierade;
- ha möjlighet att yttra sig vid val av verkställande direktörer i systemets institutioner;
- bidra till att hitta lösningar på de akuta globala problemen.

Vi uppmanar FN och regeringarna i dess medlemsstater att stödja upprättandet av en parlamentarisk församling inom FN vid sina överläggningar om att reformera de internationella monetära, finansiella och ekonomiska institutionerna. Vi vädjar till den kommission av experter för reformer av det internationella monetära och finansiella systemet, som inrättats av generalförsamlingens ordförande, att överväga förslaget och uttrycka sitt stöd. Vi uppmanar alla organisationer, beslutsfattare och medborgare som är engagerade för det globala allmänintresset att stödja detta upprop.

Förklaring i Buenos Aires, 2010

1. Vi, deltagarna i kampanjen för upprättandet av en parlamentarisk församling inom FN, upprepar vår gemensamma uppmaning till FN och regeringarna i dess medlemsstater att inleda en förberedande process för en regeringskonferens med syftet att upprätta en parlamentarisk församling inom FN.

2. Sextiofem år efter FN:s grundande, i "We, the Peoples" namn, är världens mest universella politiska organisation fortfarande inte utrustad med ett formellt organ som gör det möjligt för valda företrädare för världens medborgare att delta i organisationens överväganden och beslutsfattande.

3. Vid FN:s världstoppmöte 2005 bekräftade stats- och regeringscheferna att "demokrati är ett universellt värde baserat på människors fritt uttryckta vilja att bestämma sina egna politiska, ekonomiska, sociala och kulturella system och deras fulla deltagande i alla aspekter av sina liv." I en värld där vi alla är ömsesidigt beroende av varandra kan emellertid inget samhälle bestämma sitt eget öde oberoende och utan människors uttryckliga deltagande och input genom sina valda representanter.

4. De som påverkas av ett beslut bör ha en chans att delta i det. Eftersom viktiga beslut som fattas på global nivå idag påverkar alla människor, ser vi ett behov av att demokratisera den globala styrningen. Därför bekräftar vi vår beslutsamhet att demokratiskt deltagande och representation av världens medborgare gradvis bör utvecklas i FN och, i rimlig utsträckning, i FN:s fonder, program och organ samt i andra mellanstatliga organisationer.

5. I dagens multipolära värld är det viktigare än någonsin att förbättra styrningens institutionella grunder. I synnerhet finns det ett brådskande behov av att få till stånd ett mer sammanhängande ramverk av multilaterala organisationer, fackorgan, program, fonder och fördragsorgan och att göra dessa organisationer mer ansvariga inför världens medborgare.

6. FN-systemet är och bör fortsätta att vara den viktigaste kärninstitutionen för internationellt samarbete och bör bli en mer livskraftig ram för effektiv internationell styrning. En parlamentarisk församling inom FN kommer bli en kritisk komponent och en katalysator för ytterligare institutionell utveckling. Vi förväntar oss att när en parlamentarisk församling inom FN väl har upprättats så skulle den förespråka och underlätta för en mer omfattande reform av de internationella institutionernas och den globala styrningens nuvarande system.

7. Globala utmaningar såsom begränsande av klimatförändringarna, icke-spridning av kärnvapen och finansiell stabilisering överskrider nationella gränser och kan endast hanteras av mer effektiva strukturer för transnationell styrning. En parlamentarisk församling inom FN skulle vara ett svar på dessa utmaningar eftersom den skulle kunna göra den internationella styrningens strukturer mer demokratiska, mer inkluderande och skapa en bättre balans mellan små och stora länder.

8. Vi upprepar vår åsikt att en parlamentarisk församling inom FN kan och bör utvecklas gradvis. I det första steget är det onödigt att göra ändringar i FN-stadgan. Det finns två alternativ: En parlamentarisk församling inom FN skulle kunna upprättas genom en omröstning i FN:s generalförsamling enligt artikel 22 i FN-stadgan. Alternativt skulle församlingen kunna skapas på grundval av ett nytt mellanstatligt fördrag. På längre sikt skulle församlingen kunna omvandlas till ett direktvalt lagstiftande parlament som ett resultat av en översyn av FN-stadgan enligt artikel 109 i FN-stadgan.

9. Efter att ha beaktat olika modeller för representation i en sådan församling, anser vi att principen om degressiv proportionalitet kan användas som en grund för platsfördelningen.

10. Behovet av att demokratisera den globala styrningen är en av de största politiska utmaningarna i vår tid. Situationen fordrar att enskilda världsmedborgare, och särskilt parlamentariker, regeringar, det internationella givarsamhället och det civila samhället engagerar sig för demokratisk global förändring. Därmed tror vi att FN och andra globala mellanstatliga institutioner skulle bli effektivare och åstadkomma bättre resultat för människor över hela världen.

11. Vi uppmanar nu alla regeringar som stöder demokratiska principer hemma och som förkunnar dess fördelar utomlands, att förespråka och stödja tillämpningen av samma principer om demokrati, ansvarsskyldighet och öppenhet i internationella institutioner och beslutsprocesser.

Förklaring i Bryssel: På väg mot en demokratisk och rättvis internationell ordning, 2013

Med påminnelse om och bekräftelse av

- "Appell för upprättandet av en parlamentarisk församling inom FN" från april 2007,
- "Slutsatser kring UNPA-kampanjens policy" från november 2007,
- "Uttalande om upprättandet av en UNPA och den Interparlamentariska unionen" från november 2008,

- "Upprop för global demokratisk kontroll av internationella finansiella och ekonomiska institutioner" från april 2009 och
- "Förklaring i Buenos Aires" från oktober 2010,

1. Vi, deltagarna i UNPA-kampanjen, upprepar vår gemensamma appell till FN och dess medlemsstater om att initiera de processer som behövs för att upprätta en parlamentarisk församling inom FN.

2. Vi uttrycker vår oro över att det inte har vidtagits några adekvata åtgärder i det mellanstatliga området för att möta det demokratiska underskottet i den globala styrningen i allmänhet och i FN i synnerhet.

3. Vi upprepar vår åsikt att en UNPA är en avgörande komponent för att stärka demokratiskt deltagande och den demokratiska legitimiteten i FN samt i andra mellanstatliga organisationer som Världsbanksgruppen, Internationella valutafonden och Världshandelsorganisationen.

4. En UNPA skulle göra det möjligt för medborgarrepresentanter, dvs. valda parlamentsledamöter, att vara direkt involverade i globala politiska överläggningar, formandet av dagordning och beslutsfattande på ett formaliserat och institutionaliserat sätt.

5. Globala problem kräver globala lösningar. Världsmedborgarnas dagliga liv formas i allt högre grad av ekonomiska, sociala och politiska krafter som överskrider nationella gränser och visar på ett växande behov av en mer inkluderande, effektiv och transparent global styrning.

6. De mänskliga rättigheternas universalitet och nödvändigheten av en demokratisk grund för legitim styrning har brett stöd. Ändå nekas alltför många människor sina mänskliga rättigheter och möjligheter till demokratiskt deltagande. Vi är övertygade om att en UNPA som ett globalt demokratiskt organ med valda företrädare skulle stärka den demokratiska styrningens hantverk liksom mänskliga rättigheters uppfyllande regionalt, nationellt och lokalt. Omvänt tror vi att avsaknaden av demokratiska principer och deltagande från den globala styrningen undergräver demokratin även på regional, nationell och lokal nivå.

7. Vi betonar vår övertygelse att en UNPA måste vara inkluderande och öppen för deltagande av parlamentariker från alla FN:s medlemsstater och observatörsstater. Vi är medvetna om att det finns utmaningar i att säkerställa en UNPA:s demokratiska karaktär. Vi är övertygade om att dessa utmaningar kan övervinnas och att med politisk vilja kan en parlamentarisk församling inom FN byggas på ett sätt som är både representativt och legitimt.

8. Vi välkomnar att FN:s råd för mänskliga rättigheter har beslutat att ge mandat åt en oberoende expert för främjandet av en demokratisk och rättvis internationell ordning och uppmuntrar den oberoende experten att fortsätta

överväga frågan om en UNPA och särskilt undersöka möjliga steg för dess skapande.

9. Vi välkomnar de senaste och pågående breda konsultationerna mellan ett stort antal statliga och icke-statliga aktörer för att utveckla ett globalt samförstånd om utvecklingsagendan efter 2015. Vi känner oss uppmuntrade av att dessa samråd har betonat (1) vikten av en "rättighetsbaserad" strategi för hållbar utveckling, och (2) nödvändigheten av en omfattande, global strategi för att hantera fattigdom och ojämlikhet i alla länder.

10. FN:s högnivåpanel för utvecklingsagendan post-2015 noterade nyligen att det krävs "omformade och återupplivade partnerskap för global styrning" för att uppnå visionen efter 2015 och för att säkerställa att "FN, de multilaterala systemen och alla utvecklingsaktörer effektivt stöder utvecklingsagendan post 2015." Vi konstaterar att upprätthållandet av ett samförstånd med flera intressenter för delade globala mål är en av de viktigaste funktionerna som en UNPA kan förväntas ge.

11. För att upprätthålla politiskt stöd, för att stärka ansvarsskyldigheten och för att föra den globala styrningen närmare de direkt berörda i strävan efter att uppnå utvecklingsmålen post-2015 uppmuntrar vi skapandet av en UNPA när det internationella samfundet antar sin nya utvecklingsagenda.

12. En UNPA är ett globalt parlamentariskt organ med distinkt innovativa funktioner som går utöver egenskaperna hos befintliga nationella och regionala församlingar och parlament. Genom att agera som ett institutionaliserat "nätverk av nätverk" skulle en UNPA kunna låta företrädare för befintliga parlamentariska nätverk och institutioner formellt delta i dess arbete och därmed ge dem större tyngd och inflytande. Man bör överväga möjligheten att involvera lokala myndigheter och företrädare för ursprungsbefolkningar i UNPA:ns verksamhet.

13. Vi bekräftar att en UNPA kan och bör utvecklas gradvis. Så småningom bör ledamöterna i en UNPA väljas direkt. Redan i ett första skede bör UNPA:ns stadgar göra det möjligt för deltagande stater att tillämpa direktval av sina delegater om de så önskar.

14. I syfte att utforska innovativa former av medborgardeltagande i en UNPA kan det övervägas att tillämpa modeller för elektronisk direkt eller "flytande" demokrati som gör det möjligt för medborgarna att delta i överläggningar eller påverka beslutsprocesser.

15. Vi gratulerar Europaparlamentet för dess banbrytande roll när det gäller att främja upprättandet av en UNPA, vilket går tillbaka till resolution A3-0331/93 som antogs 1994, och som senast kom till uttryck i resolution P7_TA

0255 från 2011, som uppmanade Europeiska Unionens råd att introducera upprättandet av en UNPA i FN:s generalförsamlings förfaranden.

16. Vi uppmanar Europaparlamentet och dess ledamöter samt alla andra parlament och deras ledamöter att stärka sitt åtagande för en mer demokratisk global styrning genom fortsatt stöd för en parlamentarisk församling inom FN.

Upprop till handling för skapandet av en UNPA, 2018

Förenta Nationerna, den multilaterala ordningen och demokratin är under attack. Att fortsätta som vanligt med hög retorik räcker inte för att motverka detta hot. Trots många varningar och rekommendationer har inte mycket gjorts för att förbereda FN för denna utmaning. Tiden för självbelåtenhet och klagomål är över. Nu behövs modigt ledarskap.

Den så kallade Cardoso-panelen[222] som utredde FN:s relationer med civilsamhället varnade för nästan 15 år sedan för att FN måste göra mer för att stärka den globala styrningen och hantera de demokratiska underskotten. Panelen underströk att ett mer systematiskt engagemang av parlamentariker, nationella parlament och lokala myndigheter i FN skulle stärka den globala styrningen, konfrontera demokratiska underskott i mellanstatliga angelägenheter, stärka den representativa demokratin och skapa en starkare länk mellan FN och den globala opinionen. Rådande arrangemang är inte tillräckliga.

När den internationella kampanjen för en parlamentarisk församling inom FN lanserades för elva år sedan, sa kampanjens beskyddare, den tidigare generalsekreteraren för FN Boutros Boutros-Ghali att vi måste främja en demokratisering av globaliseringen innan globaliseringen förstör grunderna för den nationella och internationella demokratin.

Det är med stor oro som vi nu bevittnar hur just precis denna utveckling blir allt tydligare. Som den tidigare generalsekreteraren påpekade har upprättandet av en parlamentarisk församling inom FN blivit ett oumbärligt steg för att uppnå demokratisk kontroll över globaliseringen.

Vi, undertecknande parlamentsledamöter, bekräftar vårt engagemang för målet att skapa en parlamentarisk församling inom FN för att stärka den demokratiska representationen för världens medborgare i globala angelägenheter och i FN:s beslutsfattande.

Vi inbjuder våra demokratiskt valda parlamentarikerkollegor från hela världen att ansluta sig till vår parlamentarikergrupp för en UNPA i syfte att

---

[222] Dess engelska benämning är "The Panel of Eminent Persons on United Nations–Civil Society Relations"

stärka och samordna våra ansträngningar. Tillsammans kan vi hjälpa till att etablera den politiska drivkraft och det tryck som behövs för att uppnå vårt mål.

Vi anser att FN:s kommande 75-årsjubileum 2020 måste användas som ett tillfälle att inventera och vidta långtgående reformer, inklusive inrättandet av en parlamentarisk församling inom FN.

Vi uppmanar FN:s generalsekreterare, ordföranden för FN:s generalförsamling, stats- och regeringscheferna och deras utrikesministrar samt företrädarna för FN:s medlemsstater i New York att initiera och stödja nödvändiga steg i förberedelserna av ett meningsfullt FN-reformtoppmöte 2020 och för inrättandet av en parlamentarisk församling inom FN.

2. Parlamentariska handlingar

Utdrag från Europaparlamentets resolutioner[223]

Antagen den 5 juli 2018:[224]

[Europaparlamentet rekommenderar rådet] att förespråka att det inom FN-systemet upprättas en parlamentarisk församling i syfte att göra de globala styrelseformerna mer demokratiska till sin karaktär, öka deras demokratiska ansvarsskyldighet och öppenhet och göra det möjligt att öka medborgarnas deltagande i FN:s verksamhet och i synnerhet att bidra till det framgångsrika genomförandet av FN:s agenda 2030 och målen för hållbar utveckling.

Antagen 5 juli 2017:[225]

[Europaparlamentet rekommenderar rådet] att främja en diskussion kring parlamentens och de regionala församlingarnas roll i FN-systemet och om inrättandet av en parlamentarisk församling inom FN med målet att stärka organisationens demokratiska profil och interna demokratiska förfarande och göra det möjligt för världens civilsamhällen att bli direkt delaktiga i beslutsfattandet.

Antagen den 8 juni 2011:[226]

[Europaparlamentet rekommenderar rådet] (be) att främja en diskussion om parlamentens och de regionala församlingarnas roll i FN-systemet, en fråga som väntas tas upp på dagordningen för generalförsamlingens 66:e session och om upprättandet av en parlamentarisk församling inom FN. Vidare uppmanas rådet att främja utbytet om globala frågor mellan regeringar och parlament,

(bf) att förespråka att det inom FN-systemet upprättas en parlamentarisk församling i syfte att göra de globala styrelseformerna mer demokratiska till sin karaktär, öka deras demokratiska ansvarsskyldighet och öppenhet och göra det möjligt att öka allmänhetens deltagande i FN:s verksamhet. Man bör i det sammanhanget bekräfta att den parlamentariska församlingen inom FN skulle komplettera de befintliga organen, inbegripet den Interparlamentariska unionen.

---

[223] I sjunkande kronologisk ordning.
[224] Resolution P8_TA (2018) 0312, para. m.
[225] Resolution P8_TA (2017) 0304, para. bm.
[226] Resolution P7_TA (2011) 0255.

Antagen den 6 juni 2005:[227]

[Europaparlamentet] anser att en parlamentarisk församling (UNPA) bör upprättas inom FN-systemet. En sådan skulle stärka organisationens demokratiska profil och dess interna demokratiska processer och ge världens civilsamhälle en möjlighet att delta direkt i beslutsprocessen. Parlamentet anser att en sådan församling bör ha såväl ovedersäglig rätt till information, delaktighet och kontroll som befogenhet att anta rekommendationer till FN:s generalförsamling.

Antagen den 29 januari 2004:[228]

[Europaparlamentet] uppmanar FN:s generalsekreterare och FN:s politiska institutioner och dess organ, fonder och program att utvidga de nuvarande rutinerna för dialog, samarbete och samordning med rådet och kommissionen till att omfatta också Europaparlamentet, genom att [...] tillsammans, i samverkan med regionala eller världsomfattande parlamentariska sammanslutningar (till exempel den Interparlamentariska unionen, Europarådets parlamentariska församling) grunda ett nätverk av parlamentsledamöter som skulle sammankomma regelbundet till en rådgivande parlamentarisk församling under FN:s överinseende för att diskutera viktiga politiska frågor med anknytning till FN:s verksamhet samt de utmaningar som FN står inför.

Antogs den 23 mars 1999:[229]

[Europaparlamentet] föreslår därför att det införs en parlamentarisk dimension i FN:s organisationssystem genom att det inrättas parlamentariska organ som är sammansatta av ordförandena för de nationella och regionala parlamentsutskotten, som t.ex. utskottet för miljö, folkhälsa och konsumentskydd, och utskottet för utrikes-, säkerhets- och försvarsfrågor samt genom att det redan befintliga samarbetet mellan FN och den Interparlamentariska unionen förstärks,
[och Europaparlamentet] hoppas att FN kunde spela en större roll i världens parlament genom att en sådan parlamentarisk ansvarsskyldighet inrättas på världsnivå.

---

[227] Resolution P6_TA (2005) 0237, para. 39.
[228] Resolution P5_TA (2004) 0037, para. 39, item 4.
[229] Resolution A4-0077/99.

Antagen den 8 februari 1994:[230]

[Europaparlamentet] önskar att möjligheten övervägs att inom FN inrätta en rådgivande parlamentarisk församling inom FN för att möjliggöra för folkvalda företrädare att delta mer fullständigt i FN-organens arbete.

Panafrikanska parlamentet

resolution antagen den 12 maj 2016[231]

[Panafrikanska parlamentet] med

beaktande av PAP:s resolution om en UNPA som antogs den 24 oktober 2007;

Erinrar om sitt åtagande att åstadkomma att det skapas en rådgivande UNPA inom FN-systemet i enlighet med artikel 22 i FN-stadgan, vilken ger FN:s generalförsamling befogenhet att upprätta underorgan;

Bekräftar sin åsikt att en UNPA är nödvändig för att stärka demokratiskt deltagande och representation av världens medborgare i FN;

Övertygad om att en UNPA kommer att bidra till att stärka den demokratiska tillsynen över FN:s verksamheter, särskilt i Afrika;

Upprepar att en UNPA som ett parlamentariskt organ i FN-systemet väsentligen kan komplettera det värdefulla arbetet som utförs i den Interparlamentariska unionen, de nationella parlamentens paraplyorganisation;

Noterar att en UNPA är nödvändig för att förverkliga allas rätt till deltagande i globalt beslutsfattande, som framgår av FN:s generalförsamlings resolutioner om främjande av en demokratisk och rättvis internationell ordning, senast i A/RES/70/149 den 17 december 2015;

Välkomnar de insatser som görs av den internationella kampanjen för en UNPA som lanserades 2007;

Noterar att alla regionala överstatliga organisationer har inkluderat parlamentariska institutioner i sin institutionella arkitektur som ett sätt att säkerställa människors meningsfulla och effektiva deltagande och engagemang i de regionala organisationernas angelägenheter;

Noterar vidare med oro att inrättandet av en UNPA för närvarande inte är en del av FN:s officiella reformagenda;

Uppmanar därför Afrikanska Unionen och dess medlemsstater att stödja inrättandet av en UNPA och vidta nödvändiga åtgärder för att främja detta

---

[230] Resolution A3-0331/93, para. 17.
[231] Resolution PAP.4/PL/Recom.03(II). Första tre och sista para. utelämnas här.

mål inom FN genom att inleda och initiera en förberedande mellanstatlig process i syfte att inrätta en UNPA;

Rekommenderar att Afrikanska Unionen utvecklar och främjar en gemensam afrikansk ståndpunkt i frågan;

Resolution antagen den 24 oktober 2007[232]

[Panafrikanska parlamentet]:

3. Reflekterar vidare över den växande rollen för internationella organisationer som FN och dess specialorgan som UNDP, UNICEF, UNHCR, WHO och FAO inom viktiga sektorer som fred och säkerhet, ekonomisk utveckling, hälsa, utbildning och miljö;

4. Understryker i detta sammanhang att ett växande antal beslut som påverkar Afrikanska Unionens medborgare tas utanför deras nationers gränser;

5. Noterar vidare att parlamentariker i Afrikanska Unionens medlemsstater ofta inte inkluderas i nationella delegationer till stora internationella toppmöten och förhandlingar, vilket leder till kunskapsgap och missade möjligheter till ökad legitimitet och öppenhet i internationellt beslutsfattande;

6. Har i åtanke öppningsorden i FN-stadgan "We the Peoples of the United Nations", som åberopar principen om demokrati och förankrar organisationens legitimitet i medlemsstaternas folkvilja,

7. Påminner om att Cardosopanelens rapport om FN:s relation med civilsamhället, vilken tillkom på uppdrag av FN:s dåvarande generalsekreterare och publicerades den 11 juni 2004, utredde frågan om den globala styrningens demokratiska underskott, och rekommenderade en ram för global styrning med demokratisk ansvarsskyldighet gentemot medborgarna;

8. Reflekterar över att om demokratisering är ett viktigt sätt att legitimera och förbättra nationell styrning, är det också det mest pålitliga sättet att legitimera och förbättra internationell organisering, eftersom ett ökat deltagande gör den mer öppen och lyhörd;

9. Noterar att i motsats till regionala internationella organisationer som Afrikanska Unionen, Europeiska Unionen, Europarådet eller Mercosur, är FN och dess specialorgan ett av de sista internationella forum som saknar en integrerad och institutionaliserad parlamentarisk församling;

10. Noterar att det gemensamma afrikanska ställningstagandet till reform av Förenta Nationerna ("Ezulwini-konsensus") som antogs vid den 7:e extrainkallade sessionen i Afrikanska Unionens verkställande råd i Addis

---

[232] Antagen vid den 8:e ordinarie sessionen i Midrand, Sydafrika. Första två para. utelämnas här.

Abeba, Etiopien, 7-8 mars 2005, inte inkluderar ståndpunkter om utformningen av en parlamentarisk dimension i FN;

11. Rekommenderar därför att Panafrikanska parlamentet utvecklar en gemensam afrikansk ståndpunkt beträffande vidareutvecklingen av medborgarnas involvering i internationella angelägenheter, särskilt i Förenta Nationerna och dess specialorgan, och därigenom hanterar det växande demokratiska underskottet i internationella fora.

12. Rekommenderar därmed vidare att Panafrikanska parlamentet tar initiativ till att upprätta en rådgivande UNPA inom FN-systemet enligt artikel 22 i FN-stadgan som gör det möjligt för FN:s generalförsamling att upprätta underorgan;

13. Konstaterar att en UNPA i ett första preliminärt steg skulle kunna bestå av nationella parlamentariker, men att församlingen så småningom skulle väljas direkt genom allmänna val i FN:s medlemsstater, i enlighet med exemplet från bestämmelserna (artikel 2.3) i protokollet till fördraget om den afrikanska ekonomiska gemenskapens relation till Panafrikanska parlamentet;[233]

14. Understryker att en UNPA så småningom borde utrustas med rätt till deltagande och tillsyn, i synnerhet rätten att sända fullt deltagande parlamentariska delegationer eller företrädare till internationella regeringsfora och förhandlingar och att inrätta utredningskommittéer för att bedöma frågor som rör FN:s agerande, dess personal och program;

15. Understryker vidare potentialen i en UNPA att öka effektiviteten, öppenheten och den demokratiska karaktären hos FN och det internationella samarbetet, och därmed också stärka rätten till deltagande för Afrikanska Unionens medborgare.

16. Konstaterar att upprättandet av en UNPA, i enlighet med tidigare beskrivning, inte på något sätt motsäger det värdefulla och högt uppskattade arbetet i den Interparlamentariska unionen, vars syfte särskilt är att främja kontakter, samordning och erfarenhetsutbyten mellan parlament och parlamentariker i alla länder och att överväga frågor av internationellt intresse och uttrycka sina åsikter i sådana frågor i syfte att åstadkomma åtgärder från nationella parlament och deras ledamöter.

---

[233] Det protokoll som avses är "Protocol to the Treaty Establishing the African Economic Community Relating to the Pan-African Parliament". I artikel 2.3 i detta avtal står "The ultimate aim of the Pan-African Parliament shall be to evolve into an institution with full legislative powers, whose members are elected by universal adult suffrage. However, until such time as the Member States decide otherwise by an amendment to this Protocol: i) The Pan-African Parliament shall have consultative and advisory powers only"

Östafrikanska lagstiftande församlingens resolution den 29 januari 2013[234]

[Östafrikanska lagstiftningsförsamlingen]:

Uppskattar betydelsen av och det goda exemplet med regionala och subregionala parlamentariska församlingar för att främja medborgarnas intressen i regionala och subregionala mellanstatliga organisationer och därmed för att stärka dessa organisationers demokratiska karaktär;

Inser att internationella organisationer som FN och dess specialorgan får en allt större betydelse inom viktiga områden som främjande av fred och säkerhet, ekonomisk utveckling, hälsa, utbildning, miljö och hållbar utveckling;

Noterar att det inte finns något formellt parlamentariskt organ inom FN som gör det möjligt för folkvalda parlamentariker att delta i dess överläggningar;

Betänker att otillräckligt formellt deltagande av valda representanter i FN:s arbete på grund av frånvaron av en parlamentarisk församling begränsar världsorganisationens demokratiska legitimitet;

Medvetna om de samordnade internationella ansträngningar som syftar till upprättandet av en parlamentarisk församling inom FN;

Vidare medvetna om att Panafrikanska parlamentet den 24 oktober 2007 antog en resolution som rekommenderar antagandet av en gemensam afrikansk ståndpunkt om upprättandet av en parlamentarisk församling inom FN;

Vidare medvetna om att detta initiativ stöds av andra parlamentariska och interparlamentariska organ över hela världen;

Övertygade om att en parlamentarisk församling inom FN skulle stärka FN:s öppenhet, ansvarsskyldighet och effektivitet;

Noterar att en parlamentarisk församling inom FN skulle kunna upprättas på ett enkelt sätt genom en omröstning i FN:s generalförsamling i enlighet med artikel 22 i FN-stadgan och utan någon ändring av FN-stadgan.

Mot denna bakgrund beslutar denna församling följande: Att den:

1. Stöder upprättandet av en parlamentarisk församling inom FN byggd på rättvisa och ömsesidigt förtroende.

2. Välkomnar resolutionen från Panafrikanska parlamentet och sådana andra parlament och organ som har uttalat sig i denna fråga.

3. Uppmanar partnerstaterna i Östafrikanska gemenskapen att ta initiativ för att främja utvecklingen av en gemensam afrikansk ståndpunkt till stöd för upprättandet av en parlamentarisk församling inom FN.

---

[234] De första fyra para. utelämnas här.

Mercosurs parlament, resolution den 2 december 2011

Beaktar

1. För att säkerställa internationellt samarbete, att den internationella ordningen accepteras och uppfattas som legitim, och för att förbättra dess handlingsförmåga måste världens medborgare integreras effektivt i FN-systemet. För detta ändamål måste de kunna delta i dess verksamhet och beslut och principen om demokratisk representation måste inkorporeras i det internationella samhällets ambitioner.

2. En parlamentarisk församling inom FN skulle inte bara vara en ny institution. Som medborgarnas röst skulle den vara ett uttryck och en motor för omvandlingen till en global medvetenhet och en hjälp i förståelsen av den internationella politikens problem. Komplexa utmaningar som följer av globaliseringen av ekonomiska och sociala processer, som global social ojämlikhet, spridning av massförstörelsevapen, global terrorism, global uppvärmning och finansiell instabilitet, kan bara mötas genom gradvis tillämpning av den demokratiska principen på internationell nivå.

3. Förutom att upprätthålla internationell fred och säkerhet är FN enligt artikel 10 i stadgan skyldig att främja internationellt samarbete i ekonomiska, sociala, kulturella och humanitära frågor samt respekten för mänskliga rättigheter och grundläggande friheter. För detta ändamål, och utan att behöva ändra någon av de 111 artiklarna i FN-stadgan, kan generalförsamlingen skapa en rådgivande parlamentarisk församling och därigenom främja upprättandet av en viktig koppling mellan FN, dess organ, regeringar, nationella parlamentariker och civilsamhälle:

4. En parlamentarisk församling inom FN (UNPA) skulle underlätta formandet av ett växande globalt nätverk av parlamentariker och NGO:er som skulle främja FN:s representativitet och förbättra dess svarsförmåga på den internationella scenen. Upprättandet av en sådan institution skulle vara ett avgörande steg i konsolideringen av FN-systemet, i demokratiseringen av globaliseringen, globaliseringen av demokratin och byggandet av en mer rättvis, fredlig och human värld.

Betänker

Att utrymmet för nationella demokratier begränsas och hotas av uppkomsten av mäktiga globala aktörer. Å andra sidan bevittnar vi också uppkomsten av internationella politiska organisationer, i vilka endast mäktiga och rika länder har representation, och som lämnar majoriteten av planetens invånare, som bor i halvutvecklade eller underutvecklade länder, utanför det globala styrsystemet. Det är ett ansvar för alla politiska organ och särskilt för de nationella och regionala parlamenten att följa sina plikter när det gäller att försvara principerna för demokratisk politik, vilket innebär tillämpandet av representativa och parlamentariska principer i alla de beslut som måste tas och som påverkar livet för världens medborgare.

Av alla dessa skäl uttrycker Mercosurs parlament sitt stöd för upprättandet av en parlamentarisk församling inom FN och för ansträngningarna för att skapa en sådan församling.

Förklarar

1. Dess stöd för upprättandet av en parlamentarisk församling inom Förenta Nationerna (FN) för att stärka effektiviteten, öppenheten, representativiteten, pluraliteten och legitimiteten hos de institutioner som utgör FN-systemet.

2. Dess stöd för ansträngningarna för bildandet av en sådan församling.

Europarådets parlamentariska församling

Antagen 1 oktober 2009 (utdrag)[235]

4. Församlingen noterar de många reformförslag som har tagits fram under de senaste åren och hyllar FN:s tidigare generalsekreterare Kofi Annan för hans ansträngningar för att främja en omfattande reform av organisationen.

5. Församlingen beklagar dock att det hittills inte har funnits något reformförslag som syftar till att stärka FN:s demokratiska karaktär. I detta sammanhang erinrar församlingen om sin väletablerade ståndpunkt till stöd för införandet av en parlamentarisk dimension i Förenta Nationerna, som anges i resolution 1476 (2006) om FN:s parlamentariska dimension för att stärka öppenheten, ansvarsskyldigheten och den demokratiska tillsynen av organisationen samt för att överbrygga klyftan mellan FN och allmänheten.

6. Införandet av ett demokratiskt element i FN-systemet har blivit än mer nödvändigt som ett svar på globaliseringens process: endast global styrning kan möta dessa utmaningar, och en sådan global styrning, förkroppsligad i FN, måste baseras på demokratiska principer.

7. När det gäller institutionella reformer upprepar församlingen sin övertygelse om att FN:s generalförsamlings roll och ställning som "FN:s främsta beslutsfattande och politiska organ" bör återupprättas. Denna roll skulle kunna stärkas ytterligare genom införandet eller förstärkningen av ett parlamentariskt inslag i generalförsamlingens struktur, sammansatt antingen av företrädare för varje lands parlament eller av direktvalda företrädare.

---

[235] Resolution 1688 (2009).

Antagen 23 januari 2006 (utdrag)[236]

3. I denna avgörande tid kräver församlingen en förnyad drivkraft i fortskridandet av FN:s reformprocess. Den anser att en hållbar och framtidsinriktad reformering bör ledas av målet att göra hela FN-systemet mer öppet, legitimt och ansvarigt inför sina medlemsstater såväl som inför den allmänna opinionen i stort. Av denna anledning kan reformerna inte begränsas till att låta organisationen bättre återspegla rådande geopolitiska verklighet utan bör syfta till att införliva demokratiska mekanismer i FN-systemet, med målet att åtgärda den globala styrningens demokratiska underskott och föra FN närmare människor.

4. I detta sammanhang anser församlingen att frågan om att närmare engagera parlamentariker i FN:s verksamhet bör sättas i främsta rummet för de pågående reformdiskussionerna, eftersom det är ett grundläggande sätt att skapa en länk mellan människor - genom sina valda representanter - och överläggningarna i FN, övervakningen av FN:s aktiviteter och av medlemsstaternas genomförande av FN:s beslut.

5. Ett parlamentariskt engagemang i FN:s arbete bör gradvis utökas. Denna process bör initieras genom att det i de nationella parlamenten inrättas grupper av parlamentsledamöter med syfte att stödja samarbetet med FN genom att säkerställa att parlamentarikerna är fullt informerade om FN:s verksamhet. Processen bör kulminera i att en parlamentarisk församling med rådgivande funktioner införlivas i FN-systemet.

6. Församlingen noterar rekommendationerna om parlamentarikers engagemang i FN:s arbete i Cardosopanelens rapport om FN:s relation med civilsamhället och välkomnar den växande sammankopplingen av parlamentariker med FN-verksamhet i form av ett stärkt samarbete mellan FN och Interparlamentariska unionen (IPU).

7. Detta stärkta samarbete är välkommet eftersom det förbättrar de nationella parlamentarikernas kännedom om FN:s aktiviteter och ger dem ett podium i FN-instanser. Församlingen anser emellertid att för att få en varaktig inverkan på legitimiteten, ansvarsskyldigheten och representativiteten i FN-systemet, bör parlamentarikernas engagemang i FN:s arbete vidareutvecklas så att det får en systematisk och strukturell koppling till FN-institutionernas arbete. Med tanke på dess rådgivande och övervakande funktion, såväl som sin roll som det mest representativa globala forumet, är FN:s generalförsamling idealiskt placerad för att fungera som kontaktyta för parlamentariker.

---

[236] Resolution 1476 (2006).

8. Ett avgörande steg mot utvecklingen av en parlamentarisk dimension inom FN kan vara upprättandet av en experimentell parlamentarisk kommitté med rådgivande funktioner gentemot generalförsamlingens utskott. Den skulle kunna bestå av nationella delegationer, valda av nationella parlament, med vederbörlig respekt för representativitetsprincipen för de olika politiska krafter som finns i respektive parlament och med vederbörlig hänsyn till könsbalansen. Denna parlamentariska kommitté bör vara av rimlig storlek och säkerställa en rättvis geografisk representation av alla regionala grupper som för närvarande finns i generalförsamlingen. Inom varje regional gruppering skulle de nationella delegationerna kunna rotera regelbundet. Om detta experiment skulle lyckas skulle strukturen och funktionen för denna kommitté kunna inspirera till inrättandet av en parlamentarisk församling inom FN med rådgivande funktioner gentemot generalförsamlingens plenum.

9. Mot bakgrund av ovanstående uppmanar församlingen Europarådets medlems- och observatörsstater att:

9.1. uppmuntra debatter i de nationella parlamenten och i regionala parlamentariska församlingar om frågor som diskuterats inom FN;

9.2. tillåta parlamentarikernas aktiva deltagande i nationella delegationer till generalförsamlingen.

10. Församlingen uppmanar dessutom FN:s generalsekreterare att ytterligare överväga rekommendationerna i Cardoso-betänkandet om parlamentarikers engagemang och framföra förslag i linje med dessa.

11. Slutligen inbjuder församlingen FN:s generalförsamling att:

11.1. föreslå lämpliga sätt att involvera parlamentariker i dess verksamhet genom:

11.1.1. att arbeta med IPU och andra interparlamentariska representativa organ och utforma en steg-för-steg-strategi, som kan inkludera följande steg:

11.1.1.1. inrätta ett nätverk av regionala parlamentariska församlingar för att diskutera FN:s nya prioriteringar, med rådgivande funktioner gentemot en eller flera generalförsamlingskommittéer;

11.1.1.2. inrätta en parlamentarisk kommitté för att diskutera frågor av speciell global eller regional betydelse och/eller FN:s budget, med rådgivande funktioner gentemot en eller flera generalförsamlingskommittéer;

11.1.1.3. inrätta en parlamentarisk församling inom FN, baserad på nationella delegationer, med rådgivande funktioner gentemot generalförsamlingen;

11.1.1.4. inrätta, tillsammans med FN och dess institutioner, nationella informations- och forskningscentra för parlamentariker, företrädare för lokala myndigheter, företrädare för NGO:er och frivilliga i medlemsstaterna;

11.1.2. anta tydliga regler för parlamentarikers engagemang i FN:s arbete, fastställa deras rättigheter och skyldigheter, liksom skyldigheten för parlamentariska delegationer att säkerställa en rättvis representation av de politiska partierna eller grupperna i deras parlament och ta vederbörlig hänsyn till balansen mellan könen.

11.1.3. inrätta en panel för att lägga fram precisa förslag om den rekommenderade storleken, sammansättningen och rotationssystemet för parlamentariska kommittéer och/eller en parlamentarisk församling inom FN;

11.2. överväga ytterligare åtgärder för att säkerställa bättre samverkan mellan generalförsamlingen och de nationella eller regionala parlamenten, särskilt sådana åtgärder som uppmuntrar till ett mer aktivt engagemang från församlingarnas talmän eller ordföranden i arbetet med generalförsamlingens regionala grupperingar.

Latinamerikanska parlamentets resolution den 5 december 2008[237]

Med beaktande av

Principen om att försvara demokratin som reglerar Latinamerikanska parlamentets verksamhet i enlighet med artikel 3 i stadgan.

Ändamålet att försvara ett fullständigt genomförande av frihet, social rättvisa, ekonomiskt oberoende och utövande av en representativ och deltagande demokrati, med strikt efterlevnad av principerna om icke-ingripande och fritt självbestämmande i länderna, uttryckt i artikel 4 i Parlatino-stadgan.

Deklarationen från Utskottet för politiska och kommunala angelägenheter och Latinamerikanska parlamentets integrering, som godkändes 12 juni förra året i staden Bogota, och som uttryckte sitt stöd för att upprätta en parlamentarisk församling inom FN.

Emedan

För att garantera FN:s internationella samarbete, acceptans och legitimitet, samt stärka dess handlingsförmåga, bör människor bli direkt och effektivt integrerade i FN och dess organ, vilket kräver att de får delta i dess verksamhet.

En sådan församling kan skapa en viktig länk mellan FN, dess organ, nationella regeringar och parlament samt med civilsamhället, utan att FN-stadgan behöver ändras.

XXIV. Ordinarie sammanträdet för Latinamerikanska parlamentet förklarar

---

[237] XXIV. Ordinarie församlingsmöte i Panama, förklaring nr. 10.

1. Dess stöd för ansträngningarna att skapa och upprätta en parlamentarisk församling inom FN-organisationen i syfte att stärka effektiviteten, öppenheten, representativiteten, mångfalden och legitimiteten för det internationella systemet.

2. Dess absoluta tro på legitimiteten hos de beslut som fattats till följd av deltagande, pluralistisk och demokratisk överläggning, ett oundvikligt villkor för ett effektivt genomförande av en politik som gynnar våra länder.

Litteratur och källor

AFP. (2019, 24 maj). Council of Europe assembly rejects far-right political grouping.

African Union. (2014). Protocol to the Constitutive Act of the African Union relating to the Pan-African Parliament. Adopted by the 23rd Ordinary Session of the Assembly of Heads of State and Government, Malabo, Equatorial Guinea.

Altman, S. A., Ghemawat, P., & Bastian, P. (2019). DHL Global Connectedness Index 2018: The State of Globalization in a Fragile World. DHL. (www.dpdhl.com)

Beyme, K. von. (1998). Niedergang der Parlamente. Internationale Politik, 4, 21–30.

Bieber, R., Jacqué, J.-P., & Weiler, J. H. H. (red.). (1985). An ever closer Union. A critical analysis of the Draft Treaty establishing the European Union. Commission of the European Communities. (cadmus.eui.eu)

Boutros-Ghali, B. (1996). Supplement to reports on democratization. Report to the 51st Session of the United Nations General Assembly. UN Doc. A/51/761.

Boutros-Ghali, B. (2007). Message to the Campaign for a UN Parliamentary Assembly. (www.unpacampaign.org, omtryckt på s. 129)

Bummel, A. (2010a). The composition of a Parliamentary Assembly at the United Nations (tredje upplagan). Committee for a Democratic UN (nu DWB).

Bummel, A. (2010b). Developing International Democracy - For a Parliamentary Assembly at the United Nations (andra upplagan). Komitee für eine demokratische UNO (nu DWB).

Bummel, A. (2014). A World Parliament and the Transition from International Law to World Law. Cadmus, 2(3), 121–128.

Bummel, A. (2018). A Renewed World Organization for the 21st Century. Democracy Without Borders, Discussion Paper. (www.democracywithoutborders.org/files/DWBGCFAB.pdf)

Bummel, A. (2019). The Case for a UN Parliamentary Assembly and the Inter-Parliamentary Union. Democracy Without Borders, Policy Review. (www.democracywithoutborders.org/files/DWBIPUAB.pdf)

Bummel, A., Kerr, D., & Iglesias, F. (2010). Democratizing Global Climate Policy through a UN Parliamentary Assembly. Paper presented at the conference "Democratizing Climate Governance" at the Australian National University, 15-16 July 2010.

Bundesverfassungsgericht. (1993, 12 oktober). BVerfGE 89, 155, 2 BvR 2134, 2159/92 (Maastricht).

Bundesverfassungsgericht. (2009, June 30). BVerfG, 2 BvE 2/08 (Treaty of Lisbon).

Cabrera, L. (2018). The Case for a United Nations Parliamentary Assembly as a Means of Promoting Just Security. In W. Durch, J. Larik, & R. Ponzio (red.), Just Security in an Undergoverned World (s. 413–439). Oxford University Press.

Childers, E., & Urquhart, B. (1994). Renewing the United Nations System. Dag Hammarskjöld Foundation. (www.dhf.uu.se)

Chowla, P., Oatham, J., & Wren, C. (2007). Bridging the democratic deficit: Double majority decision making and the IMF. One World Trust and Bretton Woods Project.

Clark, G., & Sohn, L. B. (1966). World Peace Through World Law. Two Alternative Plans (Tredje utökade upplagan). Harvard University Press.

Cofelice, A. (2019). Parliamentary Institutions in Regional and International Governance. Routledge.

Commission on Global Governance. (1995). Our Global Neighborhood. Oxford University Press.

Commission on Global Security, Justice & Governance. (2015). Confronting the Crisis of Global Governance. The Hague Institute for Global Justice och The Stimson Center.

Corbett, R. (2001). The European Parliament's role in closer EU integration (första häftade upplagan). Palgrave.

Costa, O. (2016). The history of European electoral reform and the Electoral Act 1976. European Parliament History Series. European Parliamentary Research Service.

Council of Europe. (2018, 15 Apr). Report of the Independent Investigation Body on the allegations of corruption within the Parliamentary Assembly.

CUNPA (2007a). Appeal for the establishment of a Parliamentary Assembly at the United Nations. (www.unpacampaign.org, omtryckt på s. 128)

CUNPA. (2007b). Conclusions regarding policies of the Campaign for a UN Parliamentary Assembly. (www.unpacampaign.org, omtryckt på s. 130)

CUNPA. (2008). The establishment of a United Nations Parliamentary Assembly and the Inter-Parliamentary Union. (www.unpacampaign.org, omtryckt på s. 131)

CUNPA. (2009). Call for global democratic oversight of international financial and economic institutions. (www.unpacampaign.org, omtryckt på s. 132)

CUNPA. (2010). Declaration of Buenos Aires. (www.unpacampaign.org, omtryckt på s. 133)

CUNPA. (2013). Declaration of Brussels: Toward a democratic and equitable international order. (www.unpacampaign.org, omtryckt på s. 134)

CUNPA (2018). Call to Action on the Creation of a UN Parliamentary Assembly (www.unpacampaign.org, omtryckt på s. 137)

Deplano, R. (2019). The Parliament of the World? Reflections on the Proposal to Establish a United Nations Parliamentary Assembly. Leiden Journal of International Law, kommande 2020. (papers.ssrn.com/abstract=3490887)

Deutscher Bundestag. (2005). Für eine parlamentarische Mitwirkung im System der Vereinten Nationen. Drucksache 15/5690.

DWB. (2019, 1 nov). The vision of a World Parliament promoted during global action week. Blogginlägg. (www.democracywithoutborders.org/11973/)

Economist Intelligence Unit. (2006). The Economist Intelligence Unit's Index of Democracy 2006.

Economist Intelligence Unit. (2020). Democracy Index 2019: A year of democratic setbacks and popular protest.

Einstein, A. (1960). Open Letter to the General Assembly of the United Nations, October 1947. I O. Nathan & H. Norden (red.), Einstein on Peace (s. 440–443). Simon and Schuster.

EP. (1984). Draft Treaty establishing the European Union adopted on 14 February 1984. Bulletin of the European Communities, 27(C77), 33–54. (eur-lex.europa.eu)

EP. (2005). Resolution on the reform of the United Nations. P6_TA (2005) 0237 (se utdrag på s. 139).

EP. (2008). Towards a reform of the World Trade Organization. P6_TA (2008) 0180.

EP. (2011). 66th Session of the United Nations General Assembly. P7_TA (2011) 0255. (se utdrag på s. 139)

EP. (2018). Recommendation to the Council on the 73rd Session of the United Nations General Assembly. P8_TA (2018) 0312. (se utdrag på s. 138)

EP. (2019a, 31 jan). European Parliament approves more transparency and efficiency in its internal rules. Pressmeddelande. (www.europarl.europa.eu)

EP. (2019b). Understanding the d'Hondt method. Briefing of the European Parliamentary Research Service. (www.europarl.europa.eu)

European Court of Justice (2001, 2 okt). Joined Cases T-222/99, T-327/99 and T-329/99. Martinez and others vs Parliament. Judgement of the Court of First Instance. (eur-lex.europa.eu)

Falk, R., & Strauss, A. (2011). A Global Parliament: Essays and Articles. Committee for a Democratic UN (nu DWB).

Freedom House. (2000). Freedom in the World 2000. (freedomhouse.org/report/freedom-world/freedom-world-2000)

Freedom House. (2019). Freedom in the World 2019. (freedomhouse.org)

Global Challenges Foundation. (2017). Attitudes to global risks and governance.

Global Challenges Foundation. (2018). Attitudes to global risk and governance survey 2018.

Global Greens. (2008, 4 maj). 21 Commitments for the 21st Century. Deklaration antagen vid Global Greens andra kongress i Sao Paulo, Brazil.

Global Greens. (2012). For Global Democracy and a United Nations Parliamentary Assembly. Resolution antagen vid Global Greens tredje kongress i Dakar, Senegal, 29 mars-1 april, 2012.

GlobeScan Incorporated. (2005). Global Issues Monitor 2005.

Guterres, A. (2018, Sep. 25). Address to the General Assembly, New York. (gadebate.un.org/sites/default/files/gastatements/73/unsg_en.pdf).

Habermas, J. (1995). Kants Idee des Ewigen Friedens aus dem historischen Abstand von 200 Jahren. Kritische Justiz, 28(3), 293–319.

Havel, V. (2000, Sep. 8). Address of the President of the Czech Republic at the Millennium Summit of the United Nations.

Heinrich, D. (2010). The Case for a UN Parliamentary Assembly. Committee for a Democratic UN (nu DWB). Utökad upplaga, först publicerad 1992.

Höffe, O. (2002). Demokratie im Zeitalter der Globalisierung (1. überarbeitete und aktualisierte Neuausgabe). C.H. Beck.

ILO. (2004). A fair globalization: Creating opportunities for all. Report of the World Commission on the Social Dimension of Globalization.

IPU. (2018, Sep 12). 2019 Consolidated Budget. 139th IPU Assembly and Related Meetings. EX/280/10(b)-P.1. (ipu.org)

Kaiser, W. (2018). Shaping European Union: The European Parliament and Institutional Reform, 1979-1989. European Parliament History Series. European Parliamentary Research Service.

Kissling, C. (2006). Die Interparlamentarische Union im Wandel. Rechtspolitische Ansätze einer repräsentativ-parlamentarischen Gestaltung der Weltpolitik. Peter Lang.

Kissling, C. (2011). The Legal and Political Status of International Parliamentary Institutions. Committee for a Democratic UN (nu DWB).

Kull, S. (2010). Listening to the Voice of Humanity. Kosmos Journal, Spring-Summer, 26–29.

Leinen, J. (2019). Fake Groups in the European Parliament. What Makes a Group a Group and Why Are Fake Groups a Problem? Federalist Debate, XXXII(2), 10–14.

Leinen, J., & Bummel, A. (2018). A World Parliament: Governance and Democracy in the 21st Century. Democracy Without Borders.

Leinen, J., & Bummel, A. (2019). Weltinnenpolitik und Weltparlament: Anforderungen an eine Weltrechtsordnung. S+F Sicherheit und Frieden, 4, 198–202.

Liberal International. (2005, May 14). Strengthening citizens representation on international level through an UN Parliamentary Assembly. (Resolution antagen av den 53:e kongressen i Sofia, Bulgarien).

Lopez-Claros, A., Dahl, A. L., & Groff, M. (2020). Global Governance and the Emergence of Global Institutions for the 21st Century. Cambridge University Press.

Monbiot, G. (2004). The Age of Consent. Manifesto for a New World Order. Harper Perennial.

New Vision. (2019, Oct 15). African Union slashes PAP budget by $4m. (www.newvision.co.ug)

Norris, P. (2011). Democratic deficit: Critical citizens revisited. Cambridge University Press.

Organ, J., & Murphy, B. (2019). A Voice for Global Citizens: A UN World Citizens' Initiative. Democracy Without Borders, Democracy International, CIVICUS: World Alliance for Citizen Participation.

PACE. (2000, Sep 27). The United Nations at the turn of the new century. Recommendation 1476 (2000).

PACE. (2006). Parliamentary dimension of the United Nations. Resolution 1476 (2006). (omtryckt på s. 146)

PACE. (2017). Expenditure of the Parliamentary Assembly for the biennium 2018-2019. Resolution 2165 (2017).

PAP. (2007). A United Nations Parliamentary Assembly. Resolution antagen vid den 8:e ordinarie sessionen, Midrand, Sydafrika. (omtryckt på s. 141)

Parlamento del Mercosur. (2011, Dec 2). Apoyo al establecimiento de una Asamblea Parlamentaria de las Naciones Unidas. MERCOSUR/PM/SP/DECL. 01/2011 (omtryckt på s. 144).

Penrose, L. S. (1946). The Elementary Statistics of Majority Voting. Journal of the Royal Statistical Society, 109(1), 53–57.

Piodi, F. (2007). Towards a single parliament. The influence of the ECSC Common Assembly on the Treaties of Rome. Archive and Documentation Centre (CARDOC). European Parliament Directorate-General for the Presidency.

Piodi, F. (2009). Towards direct elections to the European Parliament. Archive and Documentation Centre (CARDOC). European Parliament Directorate-General for the Presidency.

Pirate Parties International. (2013, Apr 21). Kazan declaration of the Pirate Parties International.

Rocabert, J., Schimmelfennig, F., Crasnic, L., & Winzen, T. (2019). The rise of international parliamentary institutions: Purpose and legitimation. The Review of International Organizations, 14(4), 607–631.

Rockström, J., & et.al. (2009). Planetary Boundaries: Exploring the Safe Operating Space for Humanity. Ecology and Society, 14(2), 32.

Šabič, Z. (2008). Building Democratic and Responsible Global Governance: The Role of International Parliamentary Institutions. Parliamentary Affairs, 61(2), 255–271.

Savio, R. (2019, Oct. 7). Farewell to the World Social Forum? Great Transition Initiative. (greattransition.org/gti-forum/wsf-savio).

Schermers, H. G., & Blokker, N. (2018). International Institutional Law. Brill Nijhoff.

Schneckener, U., & Rinke, B. (2012). Informalisierung der Weltpolitik? Regieren durch Clubs. I Stiftung Entwicklung und Frieden (red.), Globale Trends 2013 (s. 27–42). Fischer.

Schwartzberg, J. (2012). Creating a World Parliamentary Assembly. An Evolutionary Journey. Committee for a Democratic UN (nu DWB).

Schwartzberg, J. (2013). Transforming the United Nations System. Designs for a Workable World. United Nations University Press.

Sharei, S.-Y. (2018, Maj 4). United Nations charter reform and the unfulfilled promise of San Francisco. Democracy Without Borders, Blogginlägg. (www.democracywithoutborders.org/5510/)

Socialist International (2005). Reforming the United Nations. For a New Global Agenda. (Positionspapper antaget vid SI Council, Tel Aviv och Ramallah, 23-24 Maj, 2005).

Socialist International. (2003, Oct 29). Governance Ia Global Society – The Social Democratic Approach (Rapport antagen vid XXII. kongress, São Paulo).

Sohn, L. B. (red.). (1970). The United Nations: The Next Twenty-Five Years. Twentieth Report of the Commission to Study the Organization of Peace. Oceana Publications.

Soros, G. (1998). The Crisis of Global Capitalism. PublicAffairs.

Spiegel, P. (2009). Mit einem UN-Parlament demokratische Prinzipien bei globalen Entscheidungen durchsetzen. I F. J. Radermacher, M. Obermüller, & P. Spiegel (red.), Global Impact: Der neue Weg zur globalen Verantwortung (s. 235–257). Hanser.

Stamelos, C. (2020). Jurisprudence (Philosophy of Law), Nomiki Bibliothiki [på grekiska].

Stimson Center. (2020). UN 2.0: Ten Innovations for Global Governance—75 Years beyond San Francisco.

Streit, C. K. (1939). Union Now. A Proposal for a Federal Union of the Democracies of the North Atlantic. Jonathan Cape.

Synovate. (2007, Aug). BBC Poll: Why Democracy.

Tenbergen, R. (2018). United Humans. Democracy Without Borders, Discussion Paper. (www.democracywithoutborders.org/5776/)

UN. (1950). Uniting for peace. A/RES/377(V).

UN. (2000). United Nations Millennium Declaration. A/RES/55/2.

UN. (2004). We the Peoples: Civil society, the United Nations and Global Governance. Report of the Panel of Eminent Persons on United Nations–Civil Society Relations. A/58/817.

UN. (2006). Human Rights Council. A/RES/60/251.

UN. (2018a). Promotion of a democratic and equitable international order. A/RES/73/169.

UN. (2018b). Interaction between the United Nations, national parliaments and the Inter-Parliamentary Union. Report of the Secretary-General. A/72/791.

V-Dem Institute. (2019). Democracy facing global challenges. V-Dem Annual Democracy Report 2019.

Wike, R., Simmons, K., Stokes, B., & Fetterolf, J. (2017). Globally, Broad Support for Representative and Direct Democracy. Pew Research Center. (www.pewglobal.org)

Winter, T. v. (2005). Die Idee einer Parlamentarisierung der Vereinten Nationen als Beitrag zur Debatte über "Global Governance" und Demokratie. Info-Brief des Wissenschaftlichen Dienstes. Deutscher Bundes

www.ingramcontent.com/pod-product-compliance
Lightning Source LLC
LaVergne TN
LVHW011012200726
843509LV00011B/1070